U0793349
书

商业模式新生代 个人篇

一张画布重塑你的职业生涯

Business Model YOU

A One-Page Method for Reinventing Your Career

[美国] 蒂莫西·克拉克（Timothy Clark）
[瑞士] 亚历山大·奥斯特瓦德（Alexander Osterwalder） 著
[比利时] 伊夫·皮尼厄（Yves Pigneur）
毕崇毅 译

机械工业出版社
China Machine Press

图书在版编目（CIP）数据

商业模式新生代（个人篇）：一张画布重塑你的职业生涯 /（美）克拉克（Clark，T.），（瑞士）奥斯特瓦德（Osterwalder，A.），（比）皮尼厄（Pigneur，Y.）著；毕崇毅译．—北京：机械工业出版社，2012.6（2023.11 重印）
（新经济必读丛书）
书名原文：Business Model You：A One-Page Method for Reinventing Your Career
ISBN 978-7-111-38675-9

Ⅰ. 商…　Ⅱ. ①克…　②奥…　③皮…　④毕…　Ⅲ. 商业模式　Ⅳ. F71

中国版本图书馆 CIP 数据核字（2012）第 118771 号

北京市版权局著作权合同登记　图字：01-2012-2425 号。

Tim Clark, Alexander Osterwalder, Yves Pigneur. Business Model You: A One-Page Method For Reinventing Your Career

ISBN 978-1-118-15631-5

Copyright © 2012 by Tim Clark, Alexander Osterwalder, Yves Pigneur.

This translation published under license. Authorized translation from the English language edition, Published by John Wiley & Sons. Simplified Chinese translation copyright © 2012 by China Machine Press.

No part of this book may be reproduced or transmitted in any form or by any means, electronic or mechanical, including photocopying, recording or any information storage and retrieval system, without permission, in writing, from the publisher. Copies of this book sold without a Wiley sticker on the cover are unauthorized and illegal.

All rights reserved.

本书中文简体字版由 John Wiley & Sons 公司授权机械工业出版社在全球独家出版发行。

未经出版者书面许可，不得以任何方式抄袭、复制或节录本书中的任何部分。

本书封底贴有 John Wiley & Sons 公司防伪标签，无标签者不得销售。

商业模式新生代（个人篇）：一张画布重塑你的职业生涯

出版发行：机械工业出版社（北京市西城区百万庄大街 22 号　邮政编码：100037）

责任编辑：黄姗姗

印　刷：北京瑞禾彩色印刷有限公司	版　次：2023 年 11 月第 1 版第 31 次印刷
开　本：240mm × 186mm　1/16	印　张：16
书　号：ISBN 978-7-111-38675-9	定　价：89.00 元

客服电话：（010）88361066　68326294

版权所有・侵权必究
封底无防伪标均为盗版

推荐序

这世界越来越疯狂。对企业而言，顾客在变，供应商在变，竞争对手在变，企业在不停地变化。对于个人而言，环境在变，能力在变，兴趣在变，关系在变。这些变化多数都超越了大部分组织及个人的掌控范围。

因为无法改变整体大环境，组织及个人为了持续生存及发展，就必须不断评估及尝试改变自己的商业模式，有时甚至要创建新的模式。这是一个瞄准、射击、再瞄准的时代，我们需要适应快速变化的世界，以全新的思考方式来指导规划我们的人生。商业模式思维是适应快速变化世界的最佳系统思考方式。

事实上你完全可以把自己视为只有一个人参与经营的企业，个人商业模式描述的便是你应该通过哪种方式来调动全部才智天赋，以实现个人发展及职业发展的完美结合。

商业模式画布随着《商业模式新生代》的出版而逐步为中国的广大读者所熟知。而除了把商业模式画布应用于组织的商业模式描述、转变、创新外，商业模式画布更多地呈现出一种系统化的思维方式，这也正是我们看重并将其引入中国的重要原因。作为一种系统思考问题的方法论，它不局限于组织的商业模式设计，同样可以应用于其他领域。在2012年年初，各出版社又引进了3本围绕商业模式画布主题的图书。它们分别是《商业模式新生代（个人篇）》（*Business Model You*）、*Running Lean* 和 *The Startup Owner's Manual*，其中，后两本都是以商业模式画布思维为中心展开的关于创业领域的具体指导参考。而第 1 本，也就是本书的角度着重体现的是商业模式画布在个人职业生涯方面的具体应用。

本书摒弃了通常职业规划图书的文字说教，保持了《商业模式新生代》图文并茂的风格，结合商业模式画布，以可视化系统思维的视角一步步帮你搞清楚自己现有的“经营”模式，设计以适应于不断变化的外部环境的、为个人所创新的商业模式。商业模式画布可以帮助你进行全新的系统思考，对职业道路加以规划、积累，实现“个人经营”的成功。这 3 本书都遵循了分析商业（个人）环境，设计商业模式，实践验证假设，重新修订商业模式的过程，这也是目前商业模式画布的最佳实践用法。

请准备好纸和笔，我们一起开始探索之旅吧。

王帅

《商业模式新生代》译者

在这本书中，读者会经常看到“论坛成员”这个词，它指的是那些曾帮助我们进行创作的早期读者。他们对本书章节进行评论，提供案例和个人看法，对整个创作过程功不可没。在此，我们把他们的姓名和部分人的照片一并附在书中以示感谢。

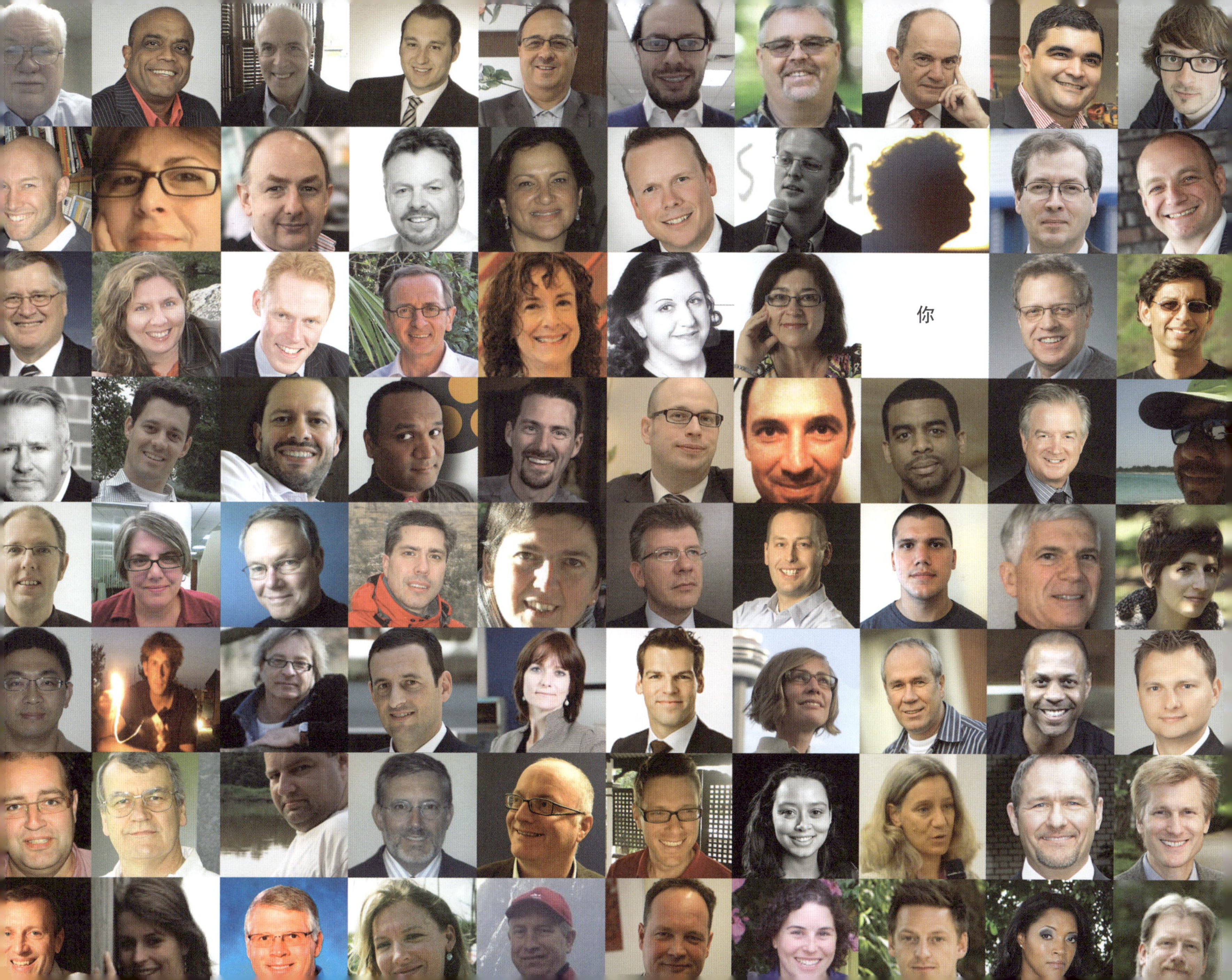
你

来自 43 个国家的 328 位协作者合作…

Adie Shariff
Afroz Ali
AJ Shah
Alan Scott
Alan Smith
Alejandro Lembo
Alessandro De Sanctis
Alexander Osterwalder
Alfredo Osorio Asenjo
Ali Heathfield
Allan Moura Lima
Allen Miner
Amber Lewis
Andi Roberts
Andre Malzoni dos Santos Dias
Andrew E. Nixon
Andrew Warner
Anne McCrossan
Annemarie Ehren
Annette Mason
Ant Clay
Anthony Caldwell
Anthony Moore
Anton de Gier
Anton de Wet
Antonio Lucena de Faria
Beau Braund
Ben Carey
Ben White
Bernd Nurnberger
Bernie Maloney
Bertil Schaart
Björn Kijl
Blanca Vergara
Bob Fariss
Brenda Eichelberger
Brian Ruder
Brigitte Roujol
Bruce Hazen
Bruce MacVarish
Brunno Pinto Guedes Cruz
Bryan Aulick
Bryan Lubic
Camilla van den Boom
Carl B. Skompinski
Carl D'Agostino
Carles Esquerre Victori
Carlos Jose Perez Ferrer
Caroline Cleland
Cassiano Farani
Catharine MacIntosh
Cesar Picos
Charles W. Clark
Cheenu Srinivasan
Cheryl Rochford
Christian Labezin
Christian Schneider
Christine Thompson
Cindy Cooper
Claas Peter Fischer
Claire Fallon
Claudio D'Ipolitto
Császár Csaba
Daniel E. Huber
Daniel Pandza
Daniel Sonderegger
Danijel Brener
Danilo Tic
Darcy Walters-Robles
Dave Crowther
Dave Wille
David Devasahayam Edwin
David Hubbard
David Sluis
Deborah Burkholder
Deborah Mills-Scofield
Denise Taylor
Diane Mermigas
Dinesh Neelay
Diogo Carmo
Donald McMichael
Dora Luz González Bañales
Doug Gilbert
Doug Morwood
Doug Newdick
Dr. Jerry A. Smith
Dustin Lee Watson
Ed Voorhaar
Edgardo Vazquez
Eduardo Pedreño
Edwin Kruis
Eileen Bonner
Elie Besso
Elizabeth Topp
Eltje Huisman
Emmanuel A. Simon
Eric Anthony Spieth
Eric Theunis
Erik A. Leonavicius
Erik Kiaer
Erik Silden
Ernest Buise
Ernst Houdkamp
Eugen Rodel
Evert Jan van Hasselt
Fernando Saenz-Marrero
Filipe Schuur
Floris Kimman
Floris Venneman
Fran Moga
Francisco Barragan
Frank Penkala
Fred Coon
Fred Jautzus
Freek Talsma
Frenetta A. Tate
Frits Oukes
Gabriel Shalom
Gary Percy
Geert van Vlijmen
Gene Browne
Ginger Grant, PhD
Giorgio Casoni
Giorgio Pauletto
Giselle Della Mea
Greg Krauska
Greg Loudoun
Hank Byington
Hans Schriever
Hansrudolf Suter
Heiner Kaufmann
Hind
IJsbrand Kaper
Iñigo Irizar
Ioanna Matsouli
Ivo Frielink
Iwan Müller
Jacco Hiemstra
James C. Wylie
James Fyles
Jan Schmiedgen
Jason Mahoney
Javier Guevara
Jean Gasen
Jeffrey Krames
Jelle Bartels
Jenny L. Berger
Jeroen Bosman
Joeri de Vos
Joeri Lefévre
Johan Ploeg
Johann Gevers
Johannes Frühmann
John Bardos
John van Beek
John Wark
John L. Warren
John Ziniades
Jonas Ørts Holm
Jonathan L. York
Joost de Wit
Joost Fluitsma
Jordi Collell
Juerg H. Hilgarth-Weber
Justin Coetsee
Justin Junier
Kadena Tate
Kai Kollen
Kamal Hassan
Karin van Geelen
Karl Burrow
Katarzyna Krolak-Wyszynska
Katherine Smith
Keiko Onodera

Keith Hampson
Kevin Fallon
Khushboo Chabria
Klaes Rohde Ladeby
Kuntal Trivedi
Lacides R. Castillo
Lambert Becks
Laura Stepp
Laurence Kuek Swee Seng
Lauri Kutinlahti
Lawrence Traa
Lee Heathfield
Lenny van Onselen
Linda Bryant
Liviu Ionescu
Lukas Feuerstein
Luzi von Salis
Maaike Doyer
Maarten Bouwhuis
Maarten Koomans
Manuel Grassler
Marc McLaughlin
Marcelo Salim
Marcia Kapustin
Marco van Gelder
Margaritis Malioris
Maria Augusta Orofino
Marieke Post
Marieke Versteeg

Marijn Mulders
Marjo Nieuwenhuijse
Mark Attaway
Mark Eckhardt
Mark Fritz
Mark Lundy
Mark Nieuwenhuizen
Markus Heinen
Martin Howitt
Martin Kaczynski
Marvin Sutherland
Mats Pettersson
Matt Morscheck
Matt Stormont
Matthijs Bobeldijk
Megan Lacey
Melissa Cooley
Michael Dila
Michael Eales
Michael Estabrook
Michael Korver
Michael N. Wilkens
Michael S. Ruzzi
Michael Weiss
Mikael Fuhr
Mike Lachapelle
Miki Imazu
Mikko Mannila
Mohamad Khawaja

Natasja la Lau
Nathalie Ménard
Nathan Robert Mol
Nathaniel Spohn
Nei Grando
Niall Daly
Nick Niemann
Nicolas De Santis
Oliver Buecken
Olivier J. Vavasseur
Orhan Gazi Kandemir
Paola Valeri
Patrick Betz
Patrick Keenan
Patrick Quinn
Patrick Robinson
Patrick van der Pijl
Paul Hobcraft
Paul Merino
Paula Asinof
Pere Losantos
Peter Gaunt
Peter Quinlan
Peter Schreck
Peter Sims
Peter Squires
Petrick de Koning
Philip Galligan
Philippe De Smit

Philippe Rousselot
Pieter van den Berg
PK Rasam
Rahaf Harfoush
Rainer Bareiß
Ralf de Graaf
Ralf Meyer
Ravinder S. Sethi
Raymond Guyot
Rebecca Cristina C Bulhoes
Silva
Reiner Walter
Renato Nobre
Riaz Peter
Richard Bell
Richard Gadberry
Richard Narramore
Richard Schieferdecker
Rien Dijkstra
Robert van Kooten
Rocky Romero
Roland Wijnen
Rory O'Connor
Rudolf Greger
Sang-Yong Chung (Jay)
Sara Coene
Scott Doniger
Scott Gillespie
Scott J. Propp

Sean Harry
Sean S. Kohles, PhD
Sebastiaan Terlouw
Shaojian Cao
Simon Kavanagh
Simone Veldema
Sophie Brown
Steve Brooks
Steven Forth
Steven Moody
Stewart Marshall
Stuart Woodward
Sune Klok Gudiksen
Sylvain Montreuil
Symon Jagersma
Tania Hess
Tatiana Maya Valois
Tom Yardley
Thomas Drake
Thomas Klimek
Thomas Røhr Kristiansen
Thorsten Faltings
Tiffany Rashel
Till Kraemer
Tim Clark
Tim Kastelle
Toni Borsattino
Tony Fischer
Travis Cannon

Trish Papadakos
Tufan Karaca
Ugo Merkli
Uta Boesch
Veronica Torras
Vicki Lind
Vincent de Jong
Ying Zhao-Chau
Yves Claude Aubert
Yves Pigneur

来自 43 个国家的真实的重塑者：

客户经理 55

广告主管 61

知名博主 182

商业教练 188

职业咨询顾问 112

计算机程序员 102

电脑工程师 225

医生 45

博士研究生 62

遛狗师 68

编辑 157

工程师 47

企业家 123

执行助理 59

财务调查员 219

图像设计自由工作者 53

绿色行动先锋 162

历史学家 120
IT 专业人士 86
音乐家 180
网络营销商 222
医学院预科生 104
电台播音员 186
废品回收员 210
销售员 57
人生探索者 131
心理自助导师 149
滑雪运动员 83
供应链分析员 197
税务律师 112
教师 127
团队领导 188
技术培训师 129
译员 51
婚礼摄影师 49

1

画布

学习如何利用关键工具描述分析组织和个人商业模式

第 1 章
商业模式思维：适应快速变化的世界 5

第 2 章
商业模式画布 11

第 3 章
个人版商业模式画布 39

2
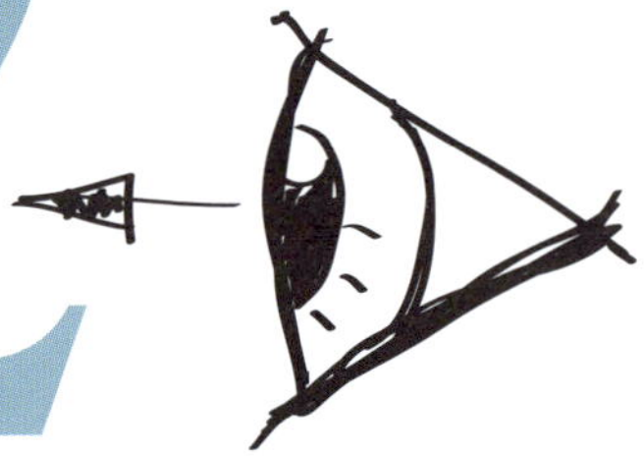

思考

反思人生方向，协调个人期望和职业发展

第 4 章
我是谁 67

第 5 章
我的人生目标是什么 119

3

修订

利用画布和个人分析调整或重建你的工作生活

第 6 章
准备好调整自己 147

第 7 章
重新设计个人版商业模式 161

4

行动

让我们付诸实践

第 8 章
计算你的商业价值 195

第 9 章
在市场中测试你的商业模式 209

第 10 章
结束语 229

5

补充阅读

了解《商业模式新生代（个人篇）》相关资源

《商业模式新生代（个人篇）》
社区 238

主创人员简介 240

注释 242

画布

学习如何利用关键工具描述分析组织和个人商业模式

第 1 章

商业模式思维：适应快速变化的世界

为什么说商业模式思维是适应快速变化世界的最佳方式

我们不妨大胆假设一下，你阅读这本书是因为正在考虑转变自己的职业发展道路。

其实，有这种想法的并非只有你一个人。一项调查显示，在北美每六个成年人中有五个都在考虑换工作。[2] 根据本书众多协作者（来自于43个国家）的反馈信息，这种情况在全球也蔚然成风。

但是，对于改变职业这个棘手的问题来说，其实我们很多人并不具备系统化思考的能力。因此，我们需要一种简单有效的方式，一种能够和现代工作环境及个人需求协调的方式来解决这个问题。

有鉴于此，你应当采用商业模式的方式来思考问题，因为它能帮助你有效地描述、分析和更新职业选择。

“商业模式”……嗯，这个词儿挺耳熟的，可它到底指的是什么呢？

用最简单的经济学来解释，商业模式指的是**一个组织在财务上维持自给自足的方式**。[3]

显然，这个定义描述的是企业经营，这和我们的职业调整有什么关系呢？实际上，你完全可以把自己视为只有一个人参与经营的企业。这样一来，我们便可以得出“个人商业模式”这个概念，它描述的是你应当通过哪种方式来调动全部才智天赋，以实现个人发展和职业发展的完美结合。

变化的时代，变化的商业模式

在如今的就业市场上，很多波动因素都是个人之外的力量导致的，例如经济萧条、人口变动、国际竞争、环境问题等。

这些变化也超越了大部分企业的控制范围，深刻地影响着企业采用的商业模式。

正因为无法改变整个大环境，企业要想保持竞争力就必须改变自己的商业模式（有时甚至要创建新的模式）。

结果，新的商业模式会逐渐瓦解并带来变化，为一些人创造了新的机会，也为另一些人带来了失业的命运。

下面我们来看几个案例。

还记得曾经红极一时的Blockbuster影片租赁公司吗？这家公司最近刚刚宣布破产，被后起之秀Netflix和Redbox等公司取而代之，因为后者的经营模式更便捷，可以通过邮购、互联网和自动售卖机为顾客提供影片和游戏租赁服务。

同样，一个行业中新商业模式的出现也会影响其他行业的企业。

例如，随着互联网的高速发展，Netflix公司的2 000多万用户可以随时通过电脑或游戏控制台欣赏电视节目——而且可以避开广告的骚扰。试想一下，对于传统的依靠客户购买黄金档时段打广告赢利的电视转播行业来说，这种变化意味着：①广告将不再是特定时间必须向广大观众播放的内容；②电视观众可以把广告过滤掉。

此外，互联网还在其他一些领域成功改变了商业模式，例如音乐、广告、零售和出版行业。（没有互联网，本书也无法出版发行。）

再比如，传统的猎头公司要靠经验丰富的全职员工来维持经营，他们每周要打几百个电话，飞到全国各地和应聘者面谈。如今的招聘行业已经完全不同了，越来越多的人开始在网上搜索工作机会，兼职工作者大有逐渐取代全职工作者的趋势。

新的商业模式正在随时随地地改变着工作环境，改变着营利性机构和非营利组织。为继续生存，企业必须不断评估和改变其商业模式。

面对这些情况，我们也必须改变自己

当然，这么说并不表示我们和企业一样，而是在做一个形象的类比——我们和企业一样，也会受到环境和经济因素的影响，而且这些影响都是我们无法左右的。

既然是这样，你该如何实现成功和满足感呢？答案是，你必须搞清楚自己的“经营”模式，然后想办法去适应不断变化的外部环境。

在本书中，你将学习如何描述和思考商业模式，这种能力正是帮助你实现职业突破的法宝。

理解和描述你的商业模式很重要，它能让你意识到怎样才能在经济环境瞬息万变的时代实现“个人经营”的成功。在这样的环境中，关注企业成功（以及实现成功的方法）的员工才是最有价值的员工，也是最有资格获得升迁的员工。

明白商业模式在企业的应用以及你在其中发挥的作用之后，你就可以利用**这种方式重新进行思考，对职业道路加以规划、积累和发展**。为此，本书第3章专门描述了个人商业模式。随着职业道路的不断发展，你会不断利用商业模式定制化策略进行调整，以便更好地适应充满变化的时代。

阅读本书会为你带来独特的竞争优势，因为尽管很多工作者都会定义和开发企业的商业实践方案，但很少有人定义和开发企业的商业模式；至于那些能在个人职业发展中采用商业模式思维的人就更加凤毛麟角了。

第 2 章

商业模式画布

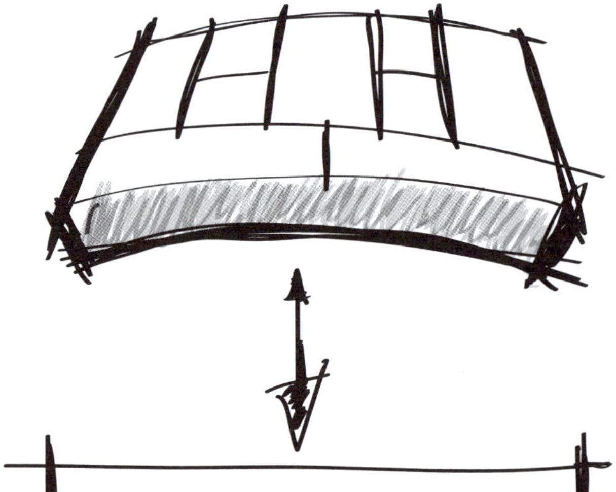

按照定义，商业模式（business model）指的是一个组织在财务上维持自给自足的方式，简而言之就是企业维持生存的方式。

或许在你看来，商业模式是一幅企业蓝图，里面描绘了整个经营活动。

正如建筑师利用设计图指导建筑施工一样，企业家必须设计商业模式以指导企业的创立，经理人必须开发商业模式以帮助实现企业整个经营细节的可视化。

为便于理解现有的商业模式，你可以问自己这样两个问题。

（1）我们的客户是谁？

（2）客户需要我们完成哪些工作？

为了说明这个概念，我们来看看以下三家企业。

（1）捷飞络（Jiffy Lube®）。捷飞络是美国一家专业、优质和便捷的汽车快速保养连锁服务品牌。对广大车主来说，没有多少人愿意自己给车换机油，他们缺少相关知识或必要工具，而且懒得收拾脏兮兮的烂摊子（还要想办法处理换下来的废油）。在这里，你只需支付25～30美元，店员就会为你提供专业的保养服务。

（2）社交网站Ning。这个网站可以让人轻松制作管理定制化的社交网络，而且费用十分低廉。没有多少公司（和个人）拥有丰厚的资金和专业技能去开发和维护带有类似Facebook网站功能的社交网络，Ning的独特之处在于，它提供了一个简单且成本低廉的社交网络模板。这个模板有丰富的页面层次，用户可以随心所欲地进行修改。

（3）虚拟支付商Vesta。这家公司可为日交易量巨大的企业提供电子支付服务。处理大量交易是一项高度复杂的业务，需要稳健、尖端的安全技术以及防欺诈功能，这些技术和功能显然不是普通公司有能力自行开发维护的。

那么，这三家企业有什么共同之处呢？

答案是，它们都帮助客户完成某项工作，以此方式获得收入。

- 捷飞络为车主提供重要的保养服务（免除他们自行更换机油之苦）。
- Ning的客户是那些需要做宣传的人，公司通过建立社交网络帮助他们实现了这个目的，其服务不但成本低廉，而且顾客无需担心技术问题。
- Vesta帮助企业集中优势，关注交易支付之外的核心业务。

听上去挺简单的，是不是？

实际上，除了上述案例之外，要想清晰地定义教育、保健、政府、金融、科技以及法律等行业的“客户”和“工作内容”并非易事。

商业模式思维的一个重要之处在于，它能帮助你认识和描述“客户”和“工作内容”这两个关键要素。更准确地说，它能让你认识到怎样才能帮助客户完成其需要的任务。在此基础上，你才会发现在工作中多赚钱和获得满足感的方式。

每个组织机构都有一套商业模式

既然商业模式指的是一个组织在财务上维持自给自足的方式，这么说是否表明只有营利性组织才有商业模式呢？

当然不是。

每个组织机构都有商业模式

我们之所以这么说，是因为几乎每一个现代组织机构，无论它是营利性、非营利性、政府性还是其他类型的组织，都要靠钱来维持自身运营。

比方说，纽约公路跑步者协会（NYRR）是一家非营利组织，其宗旨是通过组织赛跑、课程、门诊服务以及野营活动等方式推动社区健康和保健意识。虽然只是个非营利组织，但该协会仍需要：

- 支付员工工资；
- 支付活动批准费、水电费、维修费、法律咨询费和其他费用；
- 采购活动用品，如计时器、胸牌、饮料、T恤衫和奖牌；
- 为协会未来发展积累准备金。

显然，纽约公路跑步者协会的主要经营目的并不是获得财务回报，而是为希望健身的社区“客户”提供服务。尽管如此，作为一家非营利组织它仍需要资金来维持运转。

因此，和其他企业一样，纽约公路跑步者协会也要靠帮助客户完成任务来获得报酬。

关于纽约公路跑步者协会的商业模式，我们可以提出这样两个问题。

协会的客户是谁？

协会的主要客户是跑步爱好者和社区成员，他们希望在跑步健身方面得到支持，收获友情。

协会的客户包括年费用户和非年费用户，前者指定期付费参加小组活动并享受利益的人，后者指不定期付费，只参加特定活动的人。

客户需要协会完成哪些任务？

协会的主要工作是在纽约地区组织各种赛跑活动。

简而言之，该协会是一家客户付费享受服务的非营利组织。

那么，对于那些免费向客户提供服务的组织来说情况又是怎样的呢？商业模式的理念是否同样适用于此类组织呢？

答案是肯定的。

例如，孤儿观察（OrphanWatch）就属于这样的非营利组织，这个慈善组织的目标是为孤儿提供栖身之所和一日三餐，并为他们提供教育服务。和纽约公路跑步者协会一样，孤儿观察也需要资金来维持其日常运转。例如，它必须：

- 购买食物、衣服、图书以及照顾孤儿所需的其他物品；
- 支付工作人员工资；
- 租赁宿舍/学校、支付水电费、维修费、法律咨询费和其他费用；
- 为未来发展积累准备金。

再次回到商业模式的两个基本问题，对孤儿观察来说，这次的答案稍微有些不同。

孤儿观察的客户是谁？

该组织的客户分为两类：

①孤儿，他们是该组织服务的实际受益人；②捐赠人和其他支持者，他们通过捐款和购买孤儿手工艺品的方式为孤儿观察提供资金来源。

客户需要孤儿观察完成哪些任务？

该组织主要有两项工作：①照顾孤儿；②为大型慈善组织和个人捐献者提供渠道，帮助他们实现慈善捐献工作和希望。作为回报，这些客户以礼品、赠款、捐献和产品购买等形式向孤儿观察“支付”收入。

上述分析表明，表面上非营利组织可以免费向某个客户群体提供服务，但实际上它们必须向另一个客户群体收费以补贴免费服务。

由此可见，商业模式的两大基本问题也适用于孤儿观察这样的免费服务组织，其中的道理和营利性机构完全一样。

残酷的事实

像孤儿观察这样的组织，如果失去捐款将会怎样？

很明显，它将无法继续自己的使命。即便全体工作人员都答应无偿工作，该组织还是无法支付其他必要的成本，结果只能关门大吉。

可以说，现代经济中几乎所有企业（也包括政府）都必须面对这个残酷事实——没钱就意味着倒闭。

虽然不同的企业有不同的目标，但是要想生存下来并取得发展，每个企业都必须遵守“生计第一”这个基本原理，都必须有一套可行的商业模式。

在这里，“可行”的解释很简单，指的是现金流入大于现金流出，至少两者要基本持平。

我们已经介绍了关于商业模式的基本内容——客户和现金收入对企业的重要意义。不过，商业模式涉及的概念并非只是现金和客户，接下来要介绍的是商业模式画布的概念，它以图形方式描述了商业模式的九大模块，是说明企业运行机制的重要方式。

为什么采用绘图方式说明？

了解企业运行机制并非易事，大型或复杂的组织机构涉及部门甚多，难以全面把握，图形化说明更为直观。

商业模式画布可提供可视化素描，大大简化企业运营的复杂性。

图片说明还可以彰显难言之隐，帮助我们更有效地思考和沟通问题。

商业模式的九大组成模块

组织机构向客户提供价值的基本方式

客户群体[⊖]

组织机构的服务对象。

价值服务[⊖]

组织机构为客户解决的问题或满足的需求。

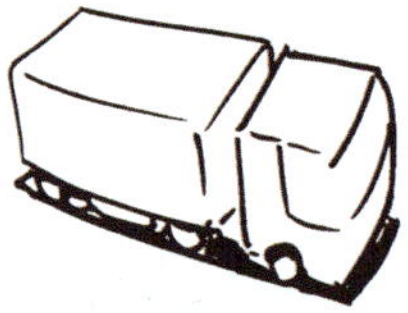

渠道通路

组织机构沟通和交付价值的不同方式。

客户关系

组织机构和客户建立和维持的不同关系。

收入来源

客户为价值服务支付的钱。

核心资源

组织机构创建和交付上述服务所需的资产。

关键业务

组织机构创建和交付上述服务所做的工作。

重要合作

有些业务要外包，有些资源要从组织机构外部获得。

成本结构

组织机构获取核心资源、实施关键业务、展开重要合作时产生的费用。

⊖ 在《商业模式新生代》中，上述模块分别定义为客户细分、价值主张。

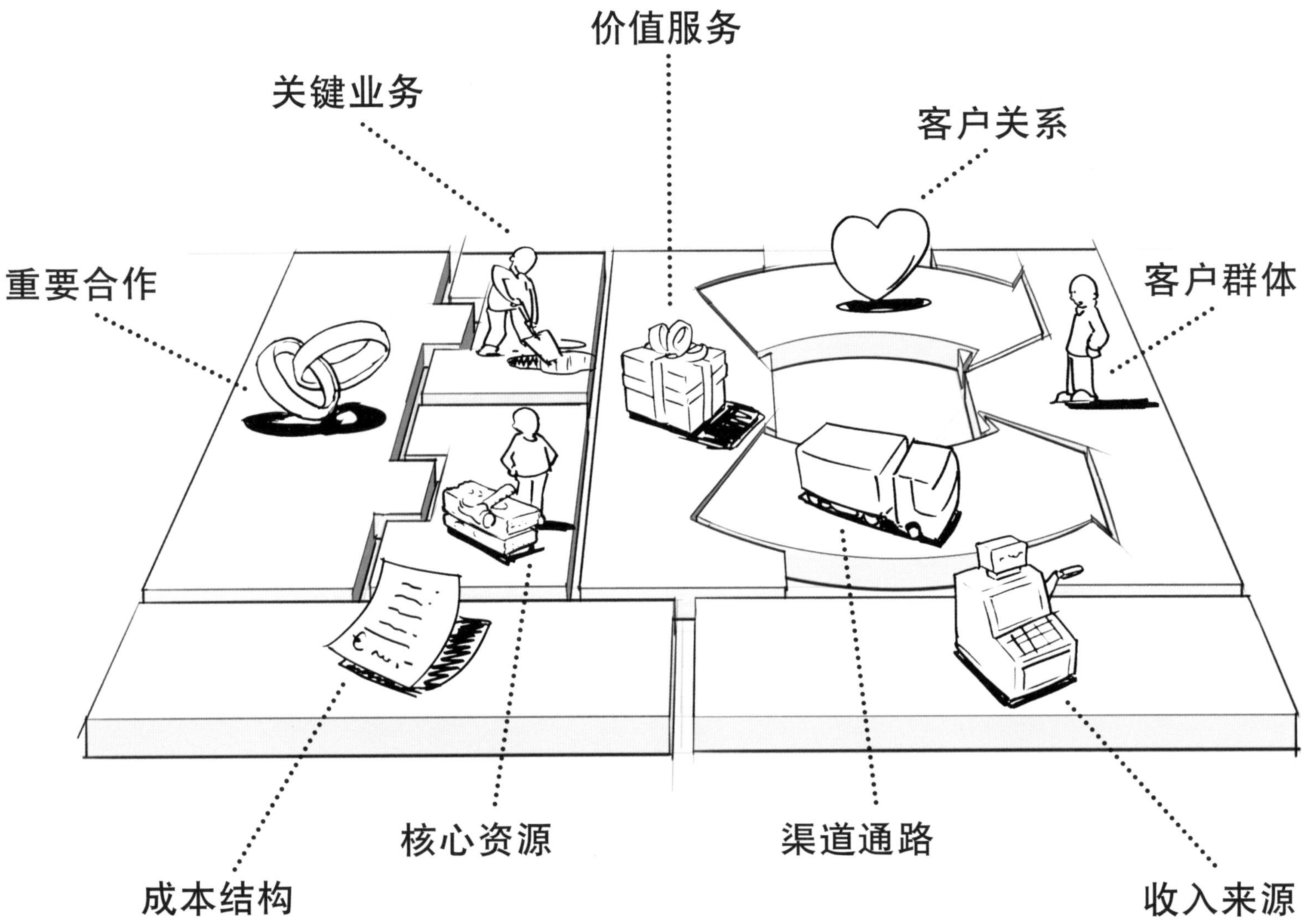
价值服务
关键业务
客户关系
重要合作
客户群体
核心资源
渠道通路
成本结构
收入来源

客户群体（*Customers*）

客户群体是组织机构赖以生存的基础，没有付费客户，任何组织机构都无法长期生存。

每个组织机构都服务于一个或多个不同的客户群体。

为其他组织机构提供服务的组织通常被称为商对商（b-to-b）企业，为消费者提供服务的组织被称为商对客（b-to-c）企业。

有些组织机构同时为付费客户和免费客户提供服务。例如，Facebook 网站的大多数客户是免费客户，无需支付任何费用即可享受其服务。如果没有数以亿计的免费客户，该网站也就失去了吸引广告商和市场研究人员的优势。因此，对某些商业模式来说免费客户的存在起着至关重要的作用。

关于客户群体的总结如下。

- 不同的客户群体需要不同的价值服务、渠道通路和客户关系。
- 客户群体有付费和免费之别。
- 同样是付费客户群体，对组织机构的收入贡献可能有天壤之别。

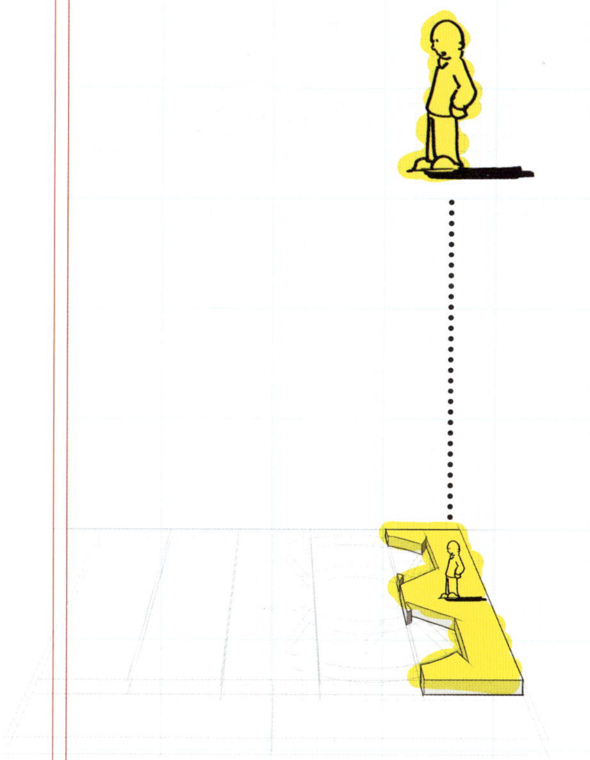

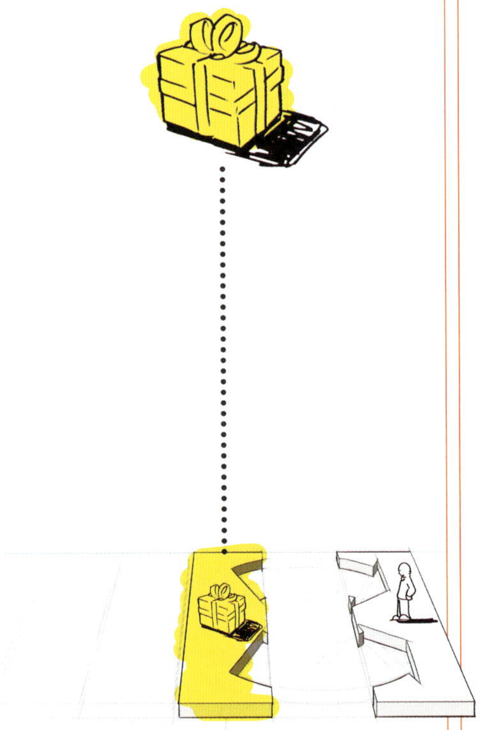

价值服务（*Value Provided*）

价值服务可以视为组织机构为客户群体提供的产品或服务利益。能否提供优质价值服务的能力是决定客户选择某个组织机构的重要原因。

不同类型的价值服务包括以下六种。

便利性

为客户节省时间减少麻烦是一项重要的收益。例如在美国，影片和游戏租赁商 Redbox 公司在超市等人流密集的场所安装售卖机。对很多用户来说，这项服务提供了极为便利的影片租赁和退还服务。

价格

省钱也是吸引客户选择特定服务的原因。例如，Skype 通信软件可提供良好的国际语音呼叫服务，其价格比电话公司要低廉得多。

设计

很多客户愿意掏钱购买出色的产品或服务设计。例如，尽管价格比竞争对手高出很多，但苹果公司的 iPod 设计惊艳，不但外形出众，而且能提供完美的音乐下载和播放服务。

品牌或市场地位

有些公司提供的是另外一种价值：让客户感到与众不同，身份倍增。例如，全世界的富人都不惜花大钱购买路易威登皮具和时尚品，原因就在于该品牌象征着品位、财富和高质量。

成本削减

此外，公司可以帮助其他企业削减成本以实现收入增长。例如，如今很多公司已不再采购和自行维护服务器和其他高端通信设施，而是通过互联网使用第三方提供的价格低廉的远程服务（云服务）。

风险降低

商业客户非常重视降低风险，特别是和投资活动相关的风险。例如，高德纳（Gartner）等咨询公司致力于调查研究和顾问服务，帮助企业预测技术采购可能带来的潜在收益。

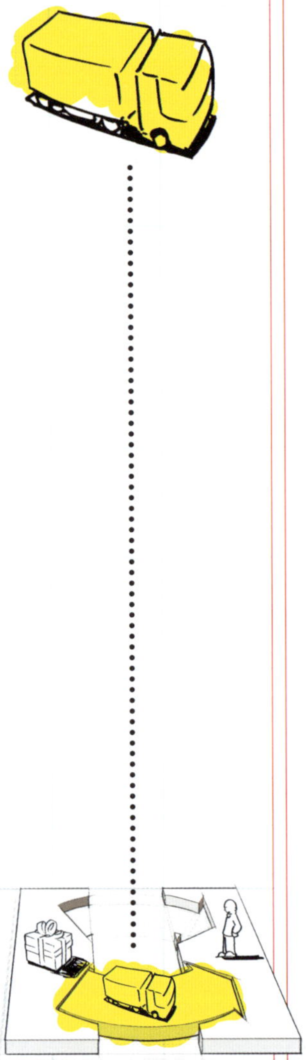

渠道通路（*Channels*）

渠道通路可发挥五种作用：

（1）创建对服务或产品的市场意识；
（2）帮助潜在客户评估产品或服务；
（3）促成客户采购；
（4）向客户交付价值；
（5）保证售后满意度。

常见的渠道通路包括：

- 面谈或电话沟通；
- 现场或店内沟通；
- 实物交付；
- 电子交付（社交媒体、博客、电子邮件等）；
- 传统媒体交付（电视、广播、报纸等）。

客户关系
（*Customer Relationships*）

组织机构必须明确定义客户侧重的关系类型，是个性化、自动化还是自助式服务？是单次交易还是订购式服务？

组织机构还应当明确客户关系的基本目标，是为了吸引新客户、维持现有客户还是从现有客户群体中挖掘更多收入？

值得注意的是，这个目标会随着时间发生变化。例如，在移动通信早期阶段，手机公司关注的是如何吸引更多的客户，因此不惜推出买话费送手机之类的激进手段。当市场逐渐成熟后，它们开始转变策略，关注的目标是如何维持现有客户，实现单位客户的消费增长。

在客户关系方面还有一个新的动向值得思考，如今很多公司（如亚马逊、YouTube 和本书）开始强调和客户共同创建产品或服务。

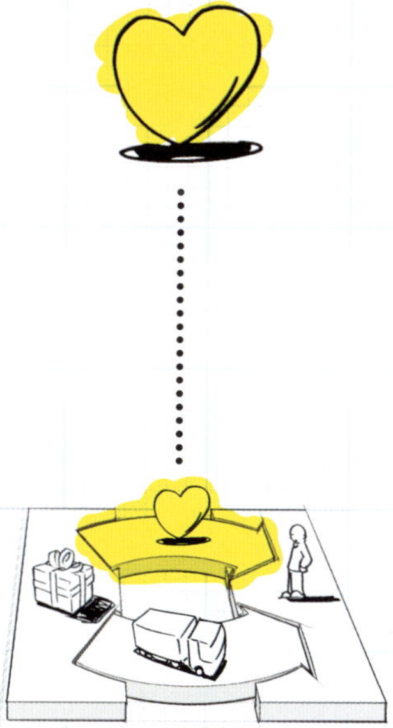

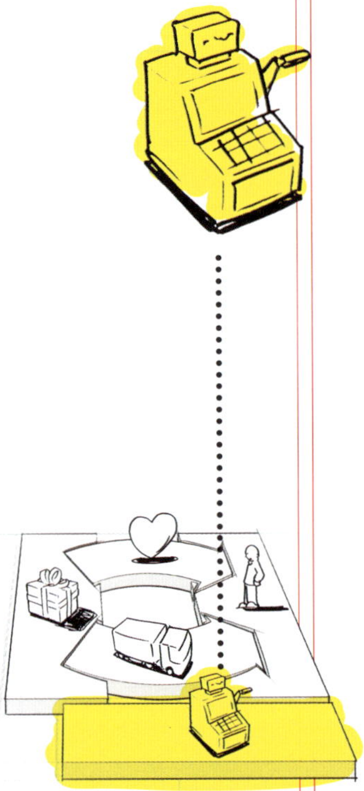

收入来源（*Revenue*）

组织机构必须：①弄清楚客户愿意为哪些价值服务付费；②接受客户喜欢的支付方式。

收入来源可分为两类：①一次性收费；②针对产品、服务、售后维修或支持等项目的连续性收费。具体包括以下几类。

一次性售出

一次性售出指的是客户购买具体产品的所有权，例如购买丰田汽车的用户可以随意驾驶、转售、拆卸或毁灭车辆。

租赁费用

租赁指的是客户购买的在指定期间对某物临时性的唯一使用权，如酒店房间、公寓或租车等。在这种情况下，租赁人（承租方）不必支付所有权的全部成本，所有人（出租方）可享受连续性收入。

服务或使用费

电话公司按分钟向客户收费，快递服务按包裹向客户收费，医生、律师和其他服务提供者按小时或按服务程序向客户收费，Google 等网络广告商按点击率或访问量向客户收费，安保服务按解除的报警事件向客户收费。

订购费

杂志、健身房和网络游戏提供商以订购费的方式销售对其服务的连续性使用。

注册费

知识产权所有人通过收取注册费的方式授权用户使用其受保护产权。

中介费

21 世纪等地产公司通过匹配买家和卖家需求的方式赚取中介费，Monster.com 等求职搜索网站通过为求职者和雇主提供交流平台的方式获取中介费。

核心资源（*Key Resources*）

核心资源包括以下四类。

人力资源

任何企业都需要人力，但某些商业模式对人力资源的依赖更为严重。例如，梅奥诊所（Mayo Clinic）需要具备全球顶尖医学知识的医生和研究人员；罗氏（Roche）等制药公司需要世界一流的科学家和经验丰富的销售人员。

实体资产

对很多商业模式来说，土地、建筑、机器和车辆也是重要的组成部分。例如，网络零售商亚马逊公司需要装备大量传送带的大型仓库，以及其他价值不菲的专用设备。

知识资产

知识资产是指无形资产，包括公司品牌、自行开发的生产方式和体系、软件以及专利或版权。例如，捷飞络公司的知识资产包括其著名品牌，以及特有的许可经营服务方式。电信芯片组设计商高通公司（Qualcomm）的商业模式也是围绕其专利设计向客户收取许可使用费。

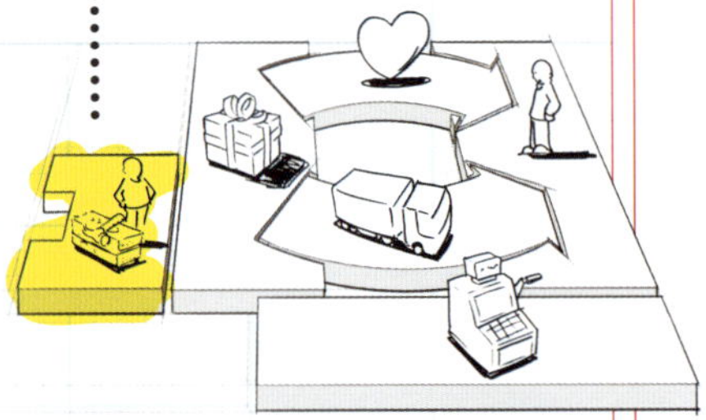

金融资产

金融资产包括现金、信用额度和财务担保。例如，电信设备制造商爱立信公司有时会申请银行贷款帮助客户完成采购，以确保业务不会被竞争对手抢走。

关键业务（*Key Activities*）

关键业务是组织机构为维持其商业模式运营必须实施的活动，通常包括以下三类。

制造 包括加工产品、设计 / 开发 / 交付服务以及解决问题。对服务性公司来说，“制造”可能有两种含义，即准备交付服务和实际交付服务。这么说是因为，像理发等服务业务往往是在交付过程中“被消费”的。

销售 指向潜在客户促销、宣传或演示服务或产品价值；具体活动包括客户拜访、设计实施广告或促销方案以及教育培训等。

支持 指可帮助整个组织机构顺利经营，和制造或销售无直接关联的活动。例如，招聘、簿记和管理工作都属于支持性活动。

在这里，我们倾向于把组织机构的工作解释为任务，即**关键业务**，而非这些业务提供的**价值**。不过，当客户在选择组织机构时，他们更感兴趣的是这些机构能提供哪些**价值**，而不是它们经营的业务本身。

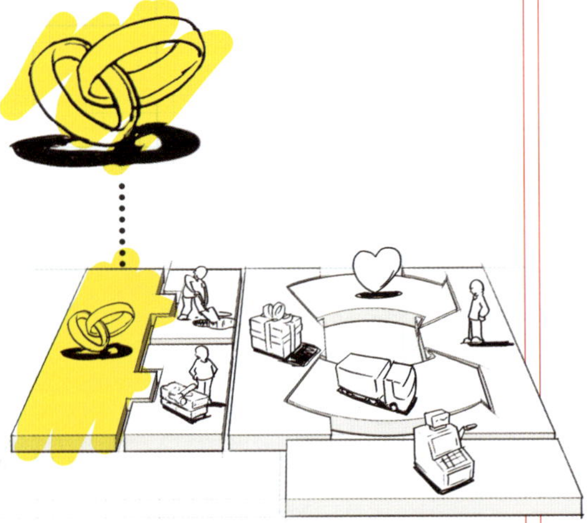

重要合作（*Key Partners*）

重要合作指的是保证商业模式有效运行的人际关系。

一个组织机构不可能拥有全部资源，不可能独立完成每个细节的工作。例如，有些业务需要使用昂贵的设备或特定的专业技能。因此，大部分组织机构会把薪金管理等工作外包给 Paychex 之类的专业公司负责。

不过，重要合作可以超越“制造”和“采购”之间的关系。例如，婚纱租赁公司、花店和摄影师可能同时为相同的客户服务，它们无需成本就可以在促销活动中合作，实现三方共赢。

成本结构（*Costs*）

获得核心资源，实施关键业务，展开重要合作，这些都会让组织机构产生成本。

创造和交付价值需要花钱，维持客户关系需要花钱，实现销售收入也需要花钱。确定了核心资源、关键业务和重要合作之后，组织机构的成本结构就大致明晰了。

“可升级性”是成本结构和商业模式中的一个重要概念。具备可升级性意味着企业能有效应对需求的大量增长，即企业可以服务更多的客户而又不损害其产品或服务质量。用财务术语来解释，可升级性是指为每个增加的客户提供服务的额外成本逐渐下降而非持续上升。

软件公司就是一个很好的例子。一旦完成开发后，一款软件可以以很低的成本复制销售。该软件每增加一个下载客户，公司为其提供服务的成本几乎为零。

相比之下，咨询行业和个人服务企业基本上不具备可升级性，这是因为每增加一位客户所需的单位服务时间都是一样的，为每个增加的客户提供服务的额外成本完全相同。有鉴于此，从财务角度来看，可升级性商业模式要比不可升级性商业模式有利得多。

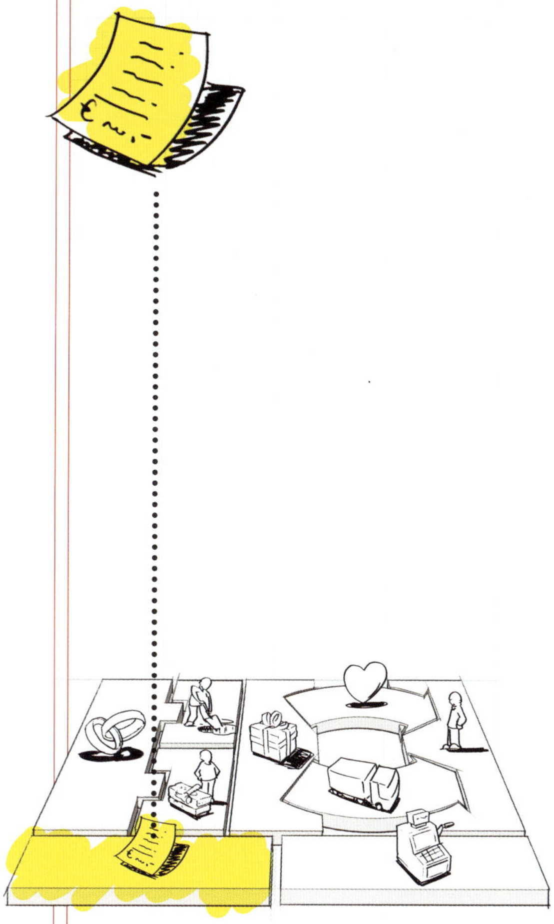

Drawings by JAM

把上述九个模块综合起来就是我们

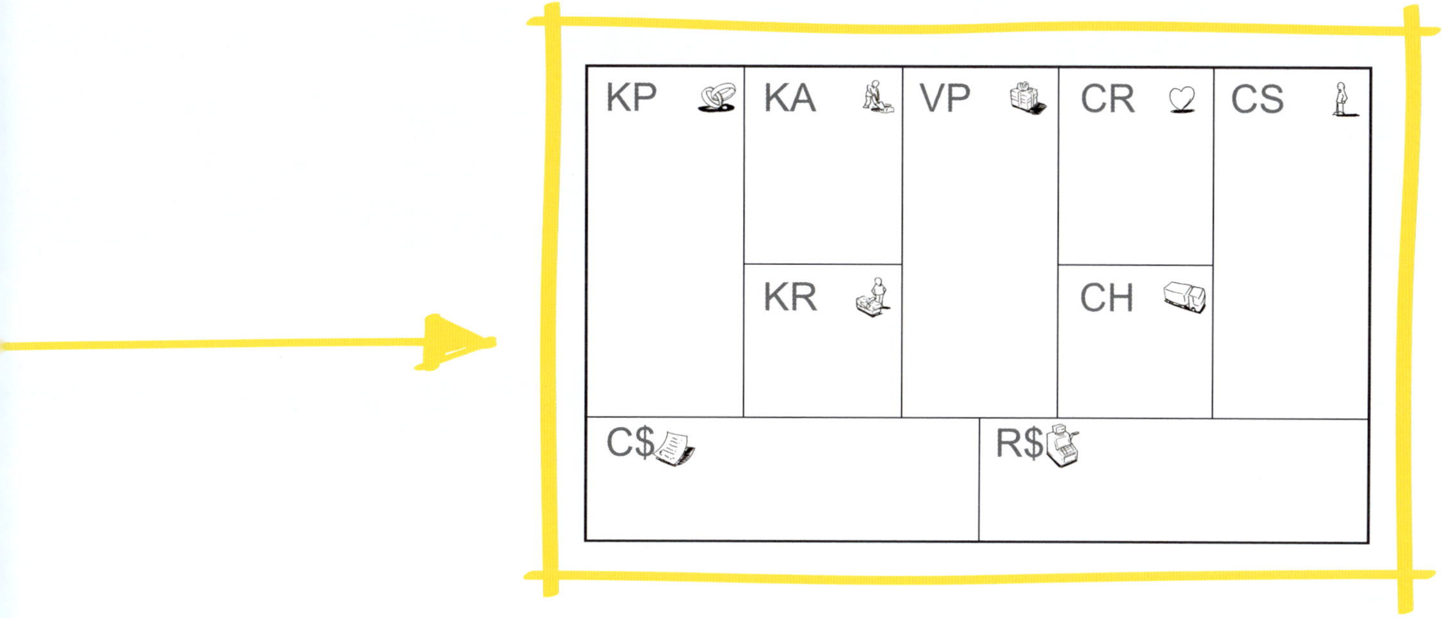

要说明的实用工具——商业模式画布。

牛刀小试

打印或
手绘一
份画布

在画布
上贴上
即时贴

描述商业
模式信息

我所在公司的商业模式

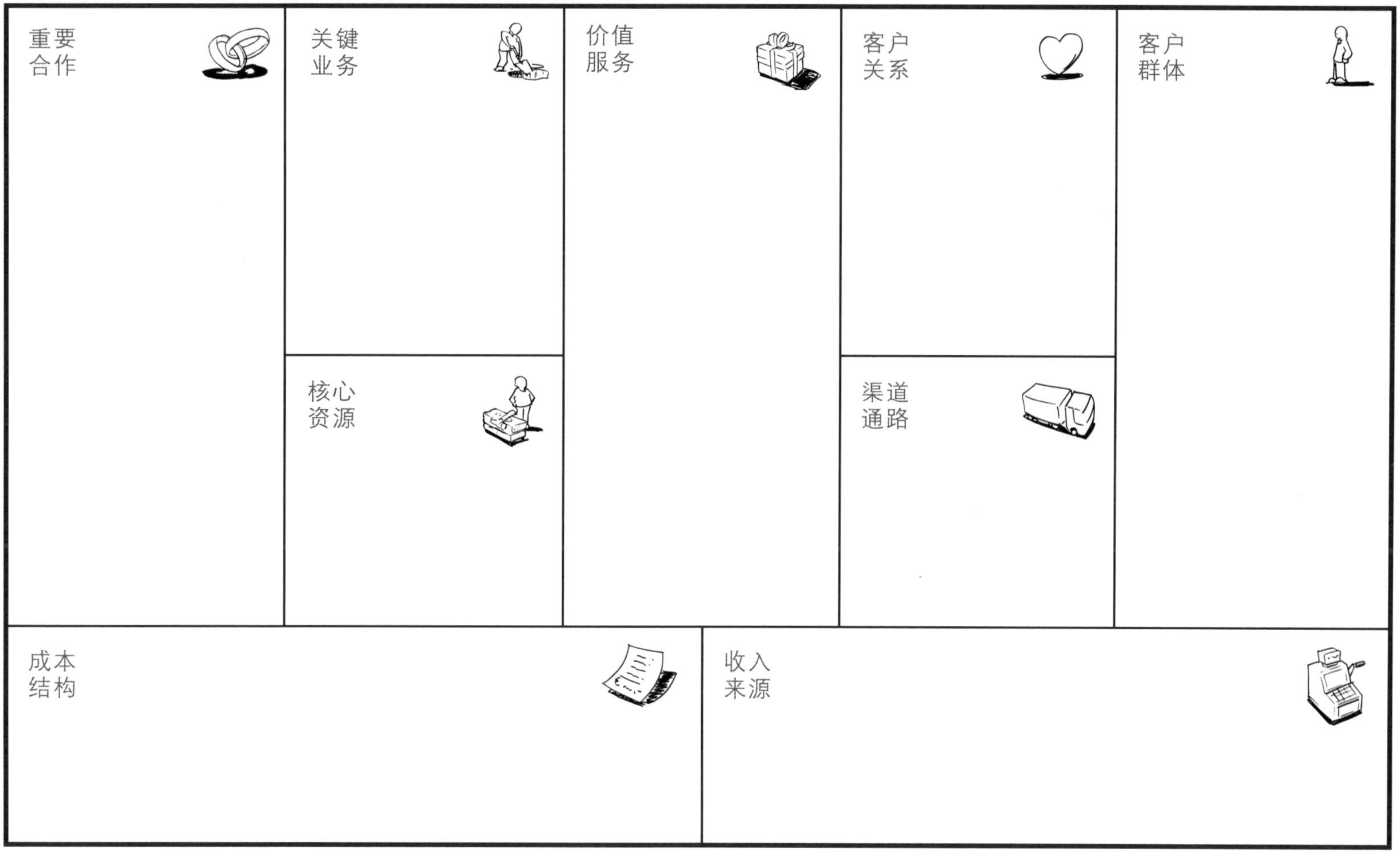

欲下载 PDF 版商业模式画布，请访问 BusinessModelGeneration.com/canvas。

Craigslist 公司的商业模式

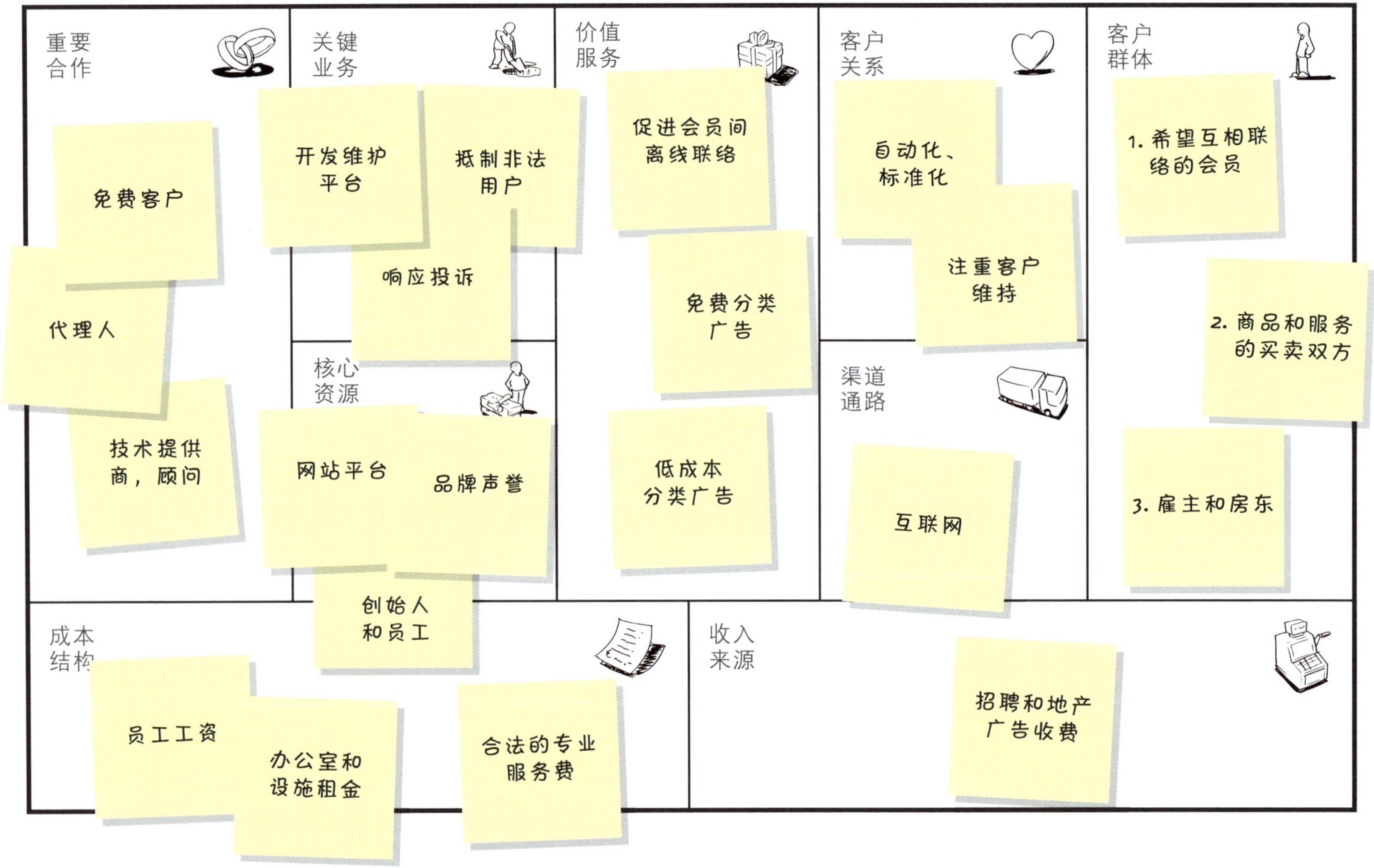

Craigslist是著名的分类广告网，负责为求职者和找房人发布分类广告，方便网站成员互相联系，以及提供产品和服务的买卖或易物交易。Craigslist在全球70个国家推出了700个网站，每月发布的招聘信息超过100万条。行业分析人员表示，尽管对外宣称是非公司性质，但按照单位员工收入计算，Craigslist仍是全球最赚钱的公司之一，这个只有30人的公司每年创造的销售收入超过1亿美元。[4]

客户群体

Craigslist网站的大部分客户都是免费客户，公司仅向刊登职位的雇主和出租房屋的房东收取费用。换句话说，该网站是利用这些付款客户的收入来补贴为免费客户服务的支出。

价值服务

作为网上服务商，Craigslist提供的价值服务与众不同，即推动网站会员的线下联系。该网站提供的另一项价值服务是免费分类广告，客户可以在这里找到几乎任何能想到的产品或服务。提供这些价值服务为该网站积累了大量的忠诚用户，在此基础上Craigslist成功推出了第三种价值服务——为公司招聘和房东出租房屋提供高效且低成本的广告。

渠道通路

该网站价值服务的推销和交付完全依靠互联网实现。

客户关系

用户可使用自动化程序在Craigslist网站创建、编辑和提交内容，完全不用网站员工的参与指导。网站员工依靠广大用户规范论坛和识别欺诈活动。Craigslist注重优化当前客户群体的使用体验，不注重通过创新吸引新的客户群体。

收入来源

仅靠招聘企业和房屋出租人（第三类客户群体）获取收入。

核心资源

Craigslist的第一大资源是其网络平台，该平台是实现客户间互动的一种自动化机制或“引擎”。网站创始人克雷格·纽马克（Craig Newmark）的声望和公众服务理念，以及网站的管理人员和员工也是其核心资源。

关键业务

Craigslist网站最重要的业务活动是开发维护其平台。举个例子说明可能比较好懂，谷歌即使失去100个工程师也不会伤筋动骨，但公司网页无法登录一天就会造成灾难性影响。对Craigslist来说，网站平台对其重要意义不言而喻。除了平台开发和维护，网站员工还要花时间对付黑客攻击、垃圾信息和非法用户问题。

重要合作

免费客户是Craigslist最重要的合作伙伴，是他们维持了广大用户坦诚礼貌的行为举止。

成本结构

作为一家私营企业，Craigslist没有义务公布其收入信息。鉴于公司只有30名员工，其成本支出相对于Facebook、Twitter和eBay等大型互联网企业来说简直微不足道。网站主要的支出项目包括员工工资、服务器和电信设施租用费，以及办公室租金。鉴于其行业地位和业务性质，Craigslist需要支付不少法律和专业服务费。实际上，一些行业观察家认为这些费用甚至超过了该网站其他所有成本的总和。

第 3 章

个人版商业模式画布

接下来，我们要讨论的是最重要的商业模式：个人定制化商业模式。

画布不但能描述企业的商业模式，它也能描述个人的商业模式。当然，这两者之间还是略微有些区别的。

- 在个人商业模式中，核心资源即你自己，包括你的兴趣、技能、个性以及你掌握的资源；在组织机构中，核心资源的范围通常更为广泛，如包括其他员工。
- 个人商业模式要考虑无法量化的“软”成本（如工作压力）和“软”收益（如满足感）；组织机构商业模式通常只考虑货币化的成本和收益。

在绘制个人商业模式时，我们有必要换一种角度来说明画布中的九大基本模块，如下图所示。

个人版

商业模式画布

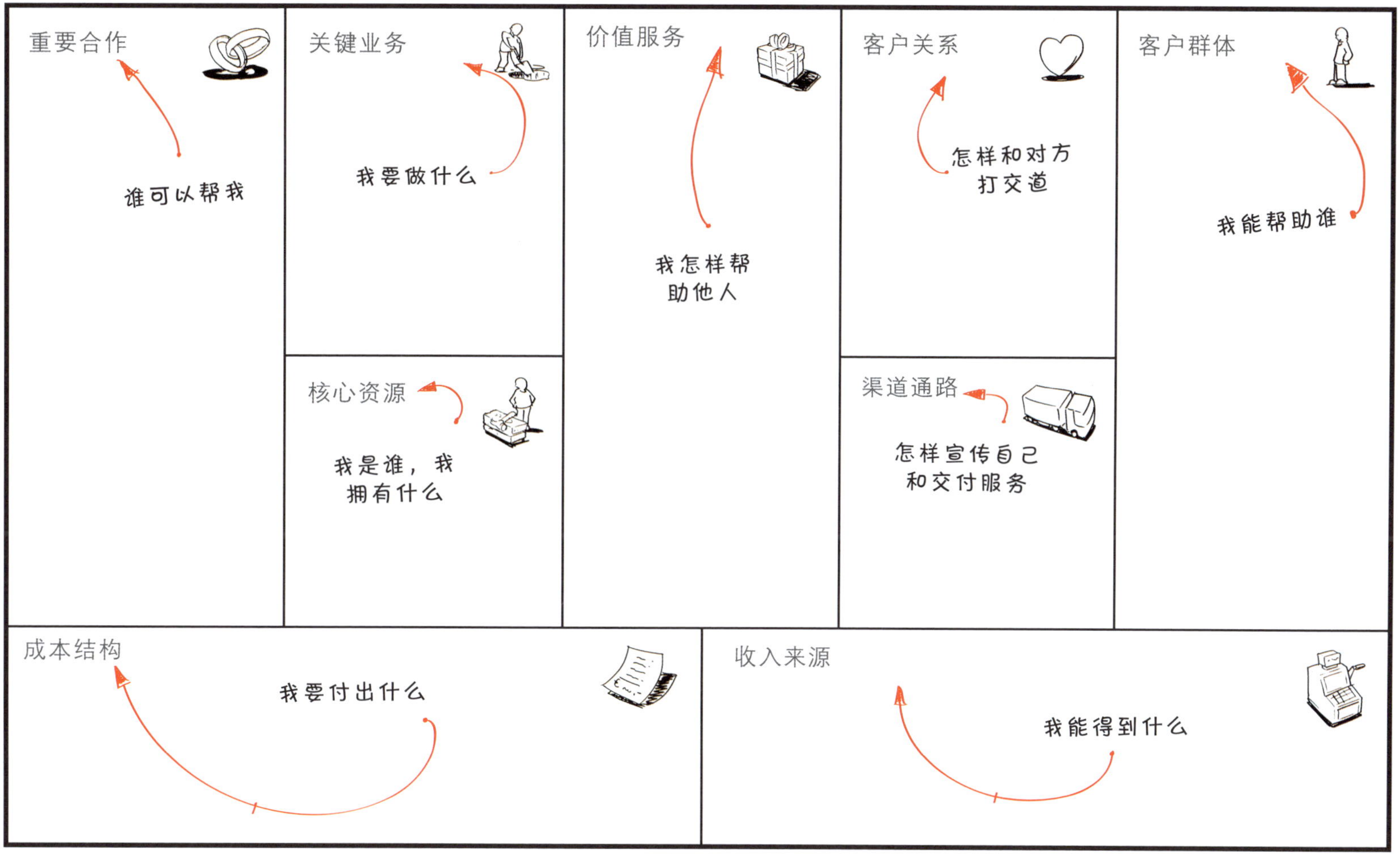

欲下载 PDF 版个人商业模式画布，请访问 BusinessModelYou.com。

个人商业模式实战篇

准备好纸、笔和即时贴，下面我们要学习的是如何创建你的个人商业模式。在此过程中你要牢记的是，在草拟第一份个人商业模式时，你必须在力所能及的职业框架内展开设计蓝图。

为你的职业活动做一份清晰准确的描绘很有帮助，它能为你打下坚实的基础，顺利解决后期出现的各种职业“软肋”，如缺乏成就感、压力过大、无人赏识、过度忙碌、缺少社会贡献等。

图中的实践者将和你一起分享他们的转变经历

商业模块真人版案例分析

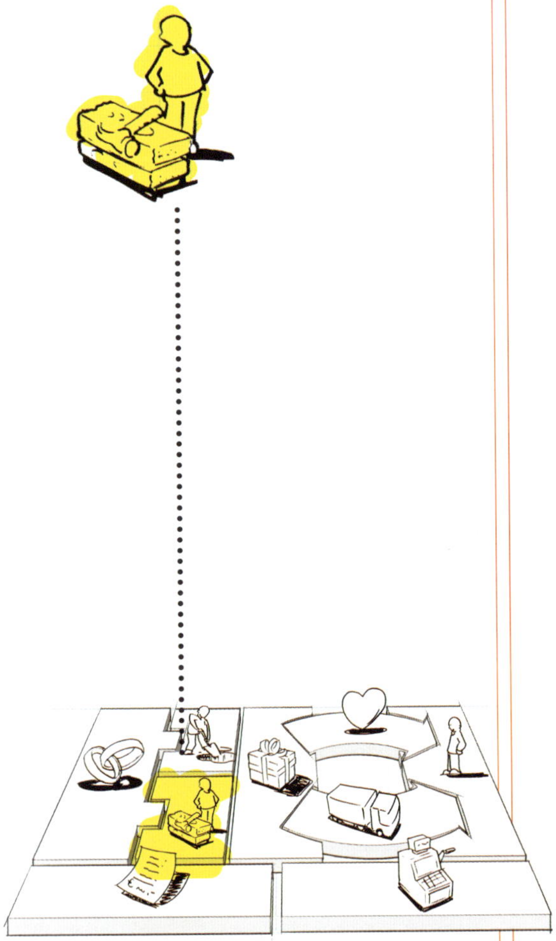

核心资源

（我是谁，我拥有什么）

组织机构可以汇集大量的人力、财力、实物和知识资产，如员工、金钱、设备、地产和知识产权。但是，作为个人我们掌握的资源往往非常有限——只能依靠一己之力。你的个人核心资源主要有两方面，一是“我是谁”，具体来说包括你的兴趣、技能和个性；二是“我拥有什么”，具体来说包括你的知识、经验、人际关系，以及其他有形和无形的资源或资产。

你的兴趣是指那些能让你感到兴奋的事物，这一点或许是你最宝贵的资源，因为兴趣是催生职业满足感的动力。**你可以在表内“核心资源”部分列出最感兴趣的方面**。

技能是你的第二大资源，它也包括两方面：能力与技术。能力是指你与生俱来的天赋，即做起来比别人感到轻松的事情，如空间感知能力、人际沟通能力和机械应用能力；与此相反，技术是指后天习得的能力，通过大量实践和学习熟能生巧的方面，如护理、财务分析、建筑施工、计算机编程等方面的能力。

个性是体现你内在个人特征的因素，也是属于你的一项资源。**你可以试着描述一下自己是什么样的人**，比方说情商高、勤奋刻苦、性格开朗、遇事冷静、镇定自若、深思熟虑、精力充沛、关注细节等。

当然，“我是谁”这个命题包括的不只是兴趣、技能和个性这三个方面，它还包括价值观、智力水平、幽默感、教育程度、人生目的等诸多内容。下面，我们来谈谈“我拥有什么”这个问题。基本上，这个概念包括有形和无形两类资源。例如，如果你喜欢在网上结识朋友，可以**在表内写下**“人脉广泛”。同样，你**还可以说明**自己行业经验丰富、职业声誉良好、在某个领域担任过领导工作、出版过作品或拥有知识产权等。

最后，你可以列出有利于职业发展的个人有形资产，如车辆、工具、服装，以及可用于职业投资的存款或实物资产。

案例研究：
核心资源

关键词：
你就是自己的资源

个人信息：
医生

姓名 安娜贝勒·斯林格伦德医生

45

安娜贝勒·斯林格伦德是一位致力于儿科病治疗和研究的医生，她认为受当今社会的影响，很多年轻患者都认为人生充满了缺陷和危险。为了改变这种观念，安娜贝勒组织了自愿性质的糖尿病儿童马拉松接力赛，她把这次活动命名为“儿童接力”。

就在比赛开幕前不久，意外突然发生了，安娜贝勒骑车时遇到了严重的事故。后来，马拉松活动如期举行并取得了成功，而且出人意料地吸引了来自企业、政府和媒体的广泛关注，但安娜贝勒已经无法再继续从医了，她的前途似乎一片黯淡。

没想到的是，企业界和媒体对“儿童接力”活动的兴趣越来越浓厚。安娜贝勒回忆道：“当时我没意识到这是一个改变人生意义的活动，我甚至想到过放弃，但最终还是被挽留了下来。”

后来，在论坛成员马利克·波斯特（Marieke Post）的帮助下安娜贝勒利用画布分析法为“儿童接力”设计了非营利组织商业模式。在审视自己的核心资源时，安娜贝勒好像突然发现了新大陆。她说：“我意识到应当把自己视为儿童接力最重要的资源之一，我可以通过付出获得这个组织的回报，以前我可从没这么想过。”

如今，安娜贝勒已成为非营利组织“糖尿病儿童接力基金会”的董事。

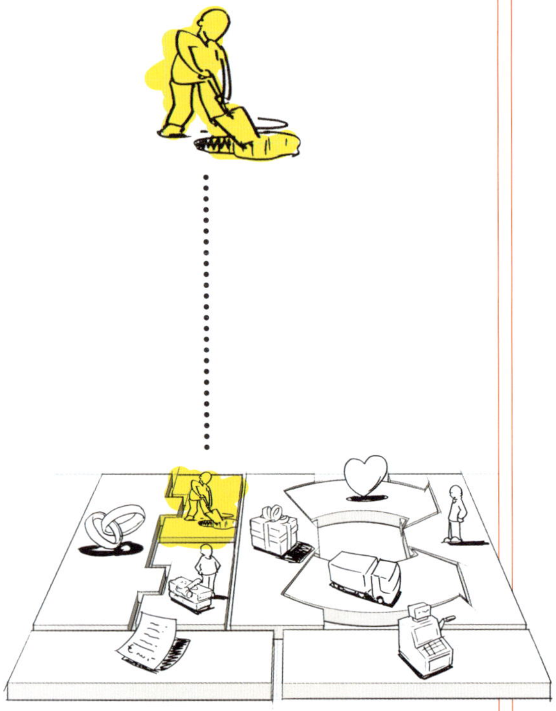

关键业务

（我要做什么）

关键业务——即我要做什么——取决于你的核心资源。也就是说，“我是谁”必然影响着“我要做什么”。

在描述这个模块时，你可以想想日常工作中经常做的事情。需要注意的是，关键业务是指为客户实施的基本的体力或脑力活动，不是实施这些活动所创造的更重要的价值服务。

尽管如此，在描绘个人商业模式画布时列举特定的工作任务仍然是一种非常直接的方式，它能帮助你更深刻地思考价值服务这一重要概念。

列出你的工作任务，它可能只包括两三项关键业务，也可能涉及更多的内容。记住，在你的画布上要列出的真正重要的活动，即足以说明你的工作特点的活动，而不是罗列冗长的细节。

案例研究：**关键业务**

关键词：**从关注技能到关注价值**

个人信息：

工程师

从毕业到工作，我一直都很强调个人发展，但不知道为什么付出很多却总是得不到相应的回报。我以优异成绩从海军军官学校毕业，取得了电子工程学硕士学位，在海军部队担任核工程师，还在工作期间取得了 MBA 学位。尽管这些背景很优秀，但我总觉得在工作中不如意，感觉自己就是一个再普通不过的工程师。

在试图改变现状的过程中，我了解到了个人商业模式这个概念。通过描绘画布，我马上就意识到了自己的问题所在。我发现，虽然我很努力地实现个人发展，但却忽略了如何利用自己的技能帮助他人。在描述“我要做什么”和“我能帮助谁”这两个模块时，我的答案几乎是空白的。

实现从关注技能到关注价值的转变是非常艰难的过程，这也正是个人商业模式的价值所在，因为它并没有简单地停留在画布分析阶段。这个模式让我明白，我必须找到一个可以付出热情的兴趣点，一个可以在满足自己的同时为他人提供帮助的兴趣点。

我感兴趣的问题是如何做好一个父亲，为此我一直想努力做出一些贡献。对我来说，困惑已久的问题是怎样才能扮演好父亲的角色，以及我该学习哪些通常由母亲完成的日常事务。我觉得其实很多父亲心里都有这样的疑问，但从来没有当面交流过。现在我正准备建立一个商业模式，帮助广大的父亲顺利转变角色，成为更好的养育者。

姓名 **史蒂夫·布鲁克斯**

47

客户群体

（我能帮助谁）

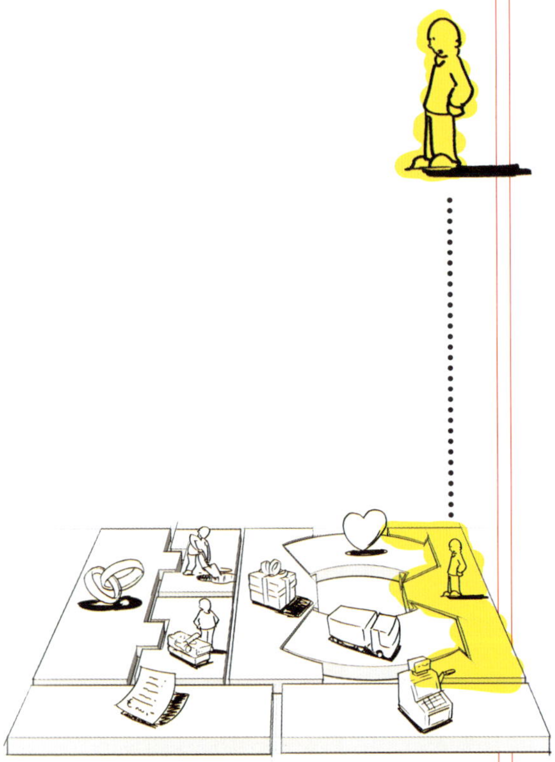

接下来要描述的是你的客户群体，即“我能帮助谁”这个模块。注意，客户群体指的是那些付费享受某种利益的群体（也包括那些免费享受利益但必须通过其他人付费补贴的群体）。

作为个体，你的客户或客户群包括企业内部依靠你的帮助来完成任务的人（如果你是自雇型就业，可以把工作地点视为企业环境）。

因此，你的老板、上司以及其他向你支付报酬的人都在此列。他们授权组织机构向你支付费用，属于客户群体当中的一类。

如果你有老板或上司，可以在客户群体模块中**写下他们的名字**。

你要向谁汇报工作呢？**把他们的名字也写到客户群体模块中**。

好了，换个角度再思考一下。你在工作中扮演的是什么角色呢？是否在企业内部为他人服务？是否和同事密切合作？

谁依赖你的工作？谁会从你的工作中获益？这些人虽然并不给你发工资，但你的工作表现以及能否继续工作下去的原因恰恰取决于为同事服务的质量。

例如，如果你是某计算机技术支持团队的一员，那肯定非常清楚内部客户是什么概念。同样，在你所在的企业或组织机构内，有没有个人或群体是你的客户？有没有重要的项目领导或团队成员？如果有，**把他们的名字也写下来**。

接下来要考虑的是和你的企业打交道的人，比方说购买或使用你们的产品或服务的顾客或公司，你是否需要直接和他们打交道？即使没有直接联系，他们也是你的客户。

你是否要和公司的重要合作伙伴打交道？他们也是你的客户。

最后，想想你的工作会给哪些更大的群体带来好处。这些群体可能是几个社区或几座城市，也可能是通过共同的商业、职业或社会纽带联系在一起的人群。

案例研究：
客户群体

关键词：
改写客户故事

个人信息：
婚礼摄影师

特里娜•鲍尔曼（Trina Bowerman）来参加个人商业模式研讨班，会议结束后她来到主办者面前，说很喜欢会议传达的理念，但不知道该怎样在自己的工作中加以应用。

主办者问：“你从事的是什么工作？”

“我是一个婚礼摄影师。”

“就是说你通过照片来讲述婚礼故事，是吗？”

“嗯……差不多吧。”

“你为什么不试着跳出婚礼，尝试用照片讲述其他事情呢？”

特里娜瞪大了眼睛，好像受到了很大的震动。过了好一会儿回答道：“非常感谢，看来我要好好想个明白了。”

姓名 特里娜•鲍尔曼

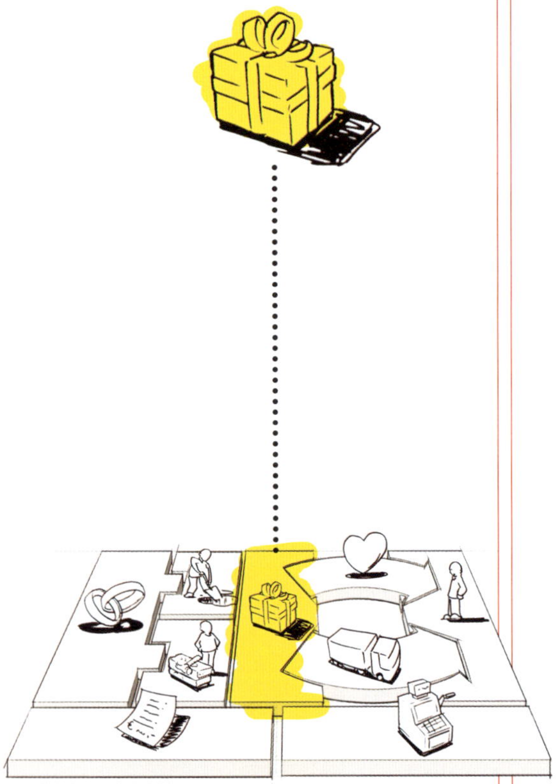

价值服务

（我怎样帮助他人）

下面要说明的是价值服务模块，即“我该怎样帮助他人完成任务”。如前所述，这个模块是思考个人职业时最重要的概念。

在定义这个模块时，你可以问自己这样两个问题：“客户请我完成什么工作？完成这些工作会给客户带来什么好处？”

例如，我们在前面说过，捷飞络为顾客提供的不只是更换机油这项服务，更重要的是让他们感受专业服务带来的独特优势：保证车辆无故障、省心省力省麻烦。

可以说，理解关键业务如何为客户带来价值服务非常重要，是描述个人商业模式的基础。

案例研究：**价值服务**

关键词：确定你的真正价值

个人信息：

译　员

姓名：MIKA UCHIGASAKI

51

Mika 是一位英日全职译员，法律事务所是她最主要的服务对象。

在一次译员会议上，Mika 参加了个人商业模式研讨会，主办者对她的画布内容进行了分析。

在价值服务模块中，Mika 写的是："把日语文件翻译成英语。"

主办人问："翻译文件和你的关键业务有何区别？"

Mika 有些茫然不解。

"这么说吧，法律事务所请你帮他们完成的工作是什么？"

Mika 想了想说："打赢官司。"

"对，这就是你提供的价值服务。翻译文件只是一项关键业务，你的价值服务应当是'制作令人信服的文件以赢得巨额商业诉讼'。千万不要把关键业务和价值服务混为一谈。"

Mika 一脸兴奋地说："这还是头一次听人这么说，我一直都在寻找改变工作的方式，现在看来我已经找到了。"

描述完客户群体和价值服务模块之后，个人商业模式的基本工作就差不多完成了。
下面我们来看看其他的模块。

渠道通路

（怎样宣传自己和交付服务）

这个模块包括五个阶段，即商业术语中所说的“营销过程”。这五个阶段可以通过以下几个问题进行描述。

（1）潜在客户怎样才能知道你能帮助他们？

（2）潜在客户怎样才能决定是否购买你的产品或服务？

（3）潜在客户怎样实现购买？

（4）你怎样交付客户购买的产品或服务？

（5）你怎样保证满意的售后？

渠道通路关注的是你向客户交付产品和服务的方式，它的描述很简单，你可以提交书面报告、当面沟通、向服务器上传代码、现场或在线演示、或使用交通工具进行实物交付。

但是，按照上述五个阶段的描述，渠道通路这个概念的内涵显然扩大了很多，它还包括怎样让潜在客户发现你和你的价值服务。

比方说，他们是通过口碑、网站博客、文章讲座、销售拜访、邮件论坛还是广告宣传了解你的？

谈到渠道通路对个人商业模式的重要性，以下几点值得我们注意：①只有确定价值服务才能宣传价值服务；②只有宣传价值服务才能销售价值服务；③只有销售价值服务才能赢得回报。

案例研究：渠道通路

关键词：改变渠道

个人信息：

图像设计自由工作者

姓名 肯·蒂默曼

我是个很容易产生厌倦感的人。自从开始图像设计工作以来，我不停地换工作，从来没有在一个公司长久待过。对于我缺乏耐心和影响工作的表现，这些公司都感到无法接受。因此，我总是刚干几个月就被公司炒鱿鱼了，有时候我也主动辞职寻找新的机会。因为没有管理背景，我从未意识到自由职业其实最适合我，这一点还是某个公司的老板解雇我时跟我谈起的。

虽然我对商业模式或价值型个人营销一无所知，不过除了设计专长之外，我还有两个突出的优势，一是喜欢和不同的人打交道，二是同时承担几项新任务。

比方说，去一家新的广告公司工作，我很容易和设计部门的人混熟，用不了一上午的工夫就会让人感觉我好像在这里工作了好几年，因为我已经完全熟悉了他们的员工、客户和工作流程。

显然，容易产生厌倦感、喜欢接触新人、喜欢解决新问题，这些都让我很难成为长期稳定的全职员工。但是当我把渠道通路从全职员工改变为自由职业者之后，原来的问题反而成了我的优势。同事们的工作技能有些和我相当，有些比我还出色。但是因为我只需要用很少的时间熟悉新的工作环境，从事自由职业反而让我变得更加受欢迎。

53

客户关系

（怎样和对方打交道）

你和客户群体是怎样打交道的呢？你喜欢面对面的直接沟通还是邮件书信之类的间接联系？你们之间的合作关系是一锤子买卖还是持续性服务？你关注的目标是扩大客户数量（拓展）还是满足现有客户的需求（维持）？

在客户关系模块中写下上述问题的答案。

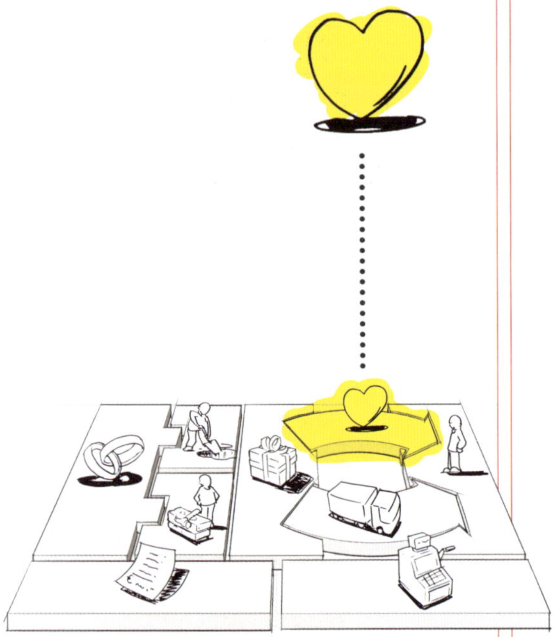

案例研究：

客户关系

关键词：

转变沟通方式

个人信息：

客户经理

杰西卡刚刚获聘在一家办公用品制造公司做销售工作，她负责维护的客户包括史泰博和 Office Max 等知名办公用品公司。工作几个月之后，让她一直苦恼的是不知该怎样和客户搞好关系。在公司老板的建议下，她向咨询顾问吉姆•威利寻求帮助。

威利首先关注的是杰西卡的客户关系模块，他发现杰西卡在和客户沟通时举止得体，表达能力也很强。但问题是除了拜访客户讨论订单事宜之外，她很少给对方打电话。对此，杰西卡坦承自己是“数字控”一族，更喜欢用邮件而非电话的形式联系客户。

威利建议杰西卡在合适的场合尽量用电话和客户沟通。杰西卡采纳了这个建议，很快就感受到了来自客户的积极反馈。毫无疑问，电话沟通不但能更及时地解决问题，而且能和客户建立良好的互动关系。

姓名 杰西卡•胡

重要合作

（谁可以帮我）

重要合作伙伴是指那些支持你的工作，帮助你顺利完成任务的人。他们能为你提供行为动机、良好建议和成长机会；能为你提供完成某些任务所需的其他资源。重要合作伙伴包括工作中的同事和导师、职业圈内的成员、家人朋友和专业顾问。**你可以在重要合作模块中列出他们的名字**，以后再慢慢丰富对这个概念的定义。

案例研究：重要合作

关键词：重视内部合作伙伴

个人信息：

销售员

姓名 乔恩·泰勒

乔恩·泰勒是一位拥有20多年经验的销售代表，负责向塑料行业客户销售原材料。乔恩喜欢按自己的方式管理客户，他可以自主决定价格和付款方式，很少向公司提交销售报告。不过，这一切都在公司被另一家跨国企业收购之后出现了变化。

在这家新的企业，乔恩发现自己的工作方式惹恼了不少负责管理销售工作的同事。这些同事不但为销售人员设置了明确的价格和合同条款，而且要求他们记录销售过程以便监督销售行为和上报管理层。

重新审视个人商业模式之后，乔恩发现在新的工作环境中这些内部合作伙伴其实和外部客户一样重要，他们决定着自己的销售工作能否取得成功。他还意识到，自己原来那套“牛仔式”工作风格现在已经过时了。

于是，乔恩决定按时提交销售报告，经常同销售经理和同事打电话沟通情况。很快，这些小小的改变就帮助他赢得了同事们的支持。

57

收入来源

（我能得到什么）

写下你的收入来源，如工资、合同费或专业服务费、股票期权、版税以及其他现金收入。此外，这个模块还可以添加收益内容，如健康保险、养老金、学费补助等。随着你对个人商业模式的认识逐渐深刻，以后还可以加入一些“软”收益，如满足感、成就感和社会贡献等。

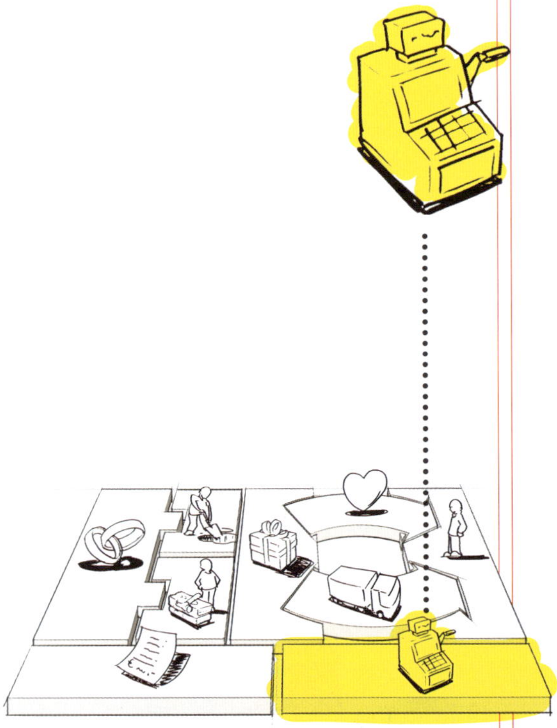

案例研究：
收入来源

关键词：
重新思考收入

个人信息：

执行助理

姓名 杰特·巴伦彻特

59

杰特·巴伦彻特是普华永道欧洲事务所某高级合作伙伴的执行助理。

随着普华永道业务的增长，公司增加了和杰特工作性质相似的岗位。由于这些岗位的人员流动率很高，杰特不得不一面承担繁重的个人工作，一面腾出时间培训新员工。经过十年的磨炼，杰特已经是公司不可或缺的角色，但让她不满的是公司总是认为这是她应该做的工作。

后来，公司老板决定搬迁到另外一个地方办公，那里离杰特的家很远，每天往返要花很多时间，她开始重新考虑自己的商业模式了。

不久后，杰特离开了普华永道公司，成立了一家虚拟个人助理服务公司，通过邮件、电话、Skype 和云服务工具等方式为客户服务。她的创新之处在于收入来源模块的变化，用按月订购服务的方式取代原来的工资。

现在，杰特在家就可以上班，省出了很多时间，可以陪伴孩子和开发个人兴趣，而且她的收入是以前的 3 倍。更重要的是，现在她可以挑选自己喜欢的客户了。杰特说：“我的经历表明，你完全可以在降低成本的同时增加个人收入。要做到这一点你必须信守承诺、值得信任、建立正确的经营模式。”

成本结构
（我要付出什么）

成本指的是你在工作中的付出，包括时间、精力和金钱。

你可以在这个模块列出无法返还的硬成本，例如：

- 培训费或订阅费；
- 交通费或社交费；
- 车辆、工具或服装费；
- 在家或单位工作时必须个人承担的互联网、电话、运输或水电费用。

此外，成本也包括实施关键业务或重要合作导致的压力感和失落感，对于这些“软”成本我们将在下一章讨论。

案例研究：**成本结构**

关键词：**选择决定成本**

个人信息：

广告主管

姓名 马克·迪金格

职业顾问弗兰·莫卡告诉我："马克·迪金格刚走进我的办公室，我就意识到这家伙工作肯定不顺心，因为他看上去满脸愁云。马克年收入几十万，有豪华的别墅和游艇，但每天都要硬着头皮去上班。为了尽快度过下午难挨的时光，他每天都故意把午餐时间拖得很久。"

"马克就职于一家嗜钱如命的广告公司，这是一个充满压力、尔虞我诈的世界。而且，他还有腰疼的毛病，虽然人比我年轻，但看上去要老得多。"

"现在最大的问题是，他虽然很有能力，但这份工作和他的价值观严重背离。虽然外人看起来很风光，但他真正想做的是能为大众带来贡献的工作。"

"有一天我问他，你干吗要这么折腾自己呢？难道没想过你付出的是什么吗？他当时并没有回答。在后来的咨询过程中，他好像找到了问题的答案，对我说付出的代价是自己的人际关系、健康和享受生活的机会。"

"再来咨询时，马克还没开口我就知道事情已经有了转机，因为他看起来比以前开朗多了，整个人非常放松。"

"我问他：'最近怎么样？'马克说：'感觉很好。'原来，他辞去了广告公司的工作，和妻子一致决定过简单的生活。他在一家非营利组织找到一份工作，为弱势群体和残疾人提供培训，虽然挣的钱和以前根本没法比，但他却变得更加快乐了。"

62

案例研究：

你是在帮助客户完成工作

个人信息：

博士研究生

姓名 克里斯·伯恩斯

在传统出版行业商业模式以及老板眼中，克里斯·伯恩斯无疑是个经过良好培训、经验丰富的记者，但不幸的是，面对互联网带来的风云突变，传统出版行业正在严重萎缩。当克里斯被公司解雇时，她正在攻读博士研究生，希望日后投身写作行业。

凭借对可持续性问题的关注以及读博期间建立的人际关系，克里斯找到了一份兼职工作，为大学教授的学术论文做编辑。没想到，这份工作让她感到如鱼得水。

直到有一天，克里斯意识到她的工作其实并不是编辑排版那么简单，而是具有更重要的价值，即帮助客户在一流学术刊物上顺利发表文章。于是，她决定大幅提高自己的服务报价，同时向客户收取研究费。

结果，克里斯竟然赢得了更多的客户。

回顾之前的经历，克里斯发现原来的商业模式中有两点缺陷。

把关键业务等同于价值服务

克里斯没有把客户的待办工作放到第一位，没有以客户工作为标准定义自己的价值服务，而是把价值服务等同于编辑活动，这样显然极大降低了她的工作价值。

完成“谁的”工作

克里斯一直都认为编辑文稿是自己分内的工作，这会让客户产生“你就是给我改改格式和错字而已”的错误印象。显然，当她提醒客户自己的工作是帮助他们成功出版作品时，她的工作价值（和声誉）马上就水涨船高了。

克里斯修改个人商业模式的过程

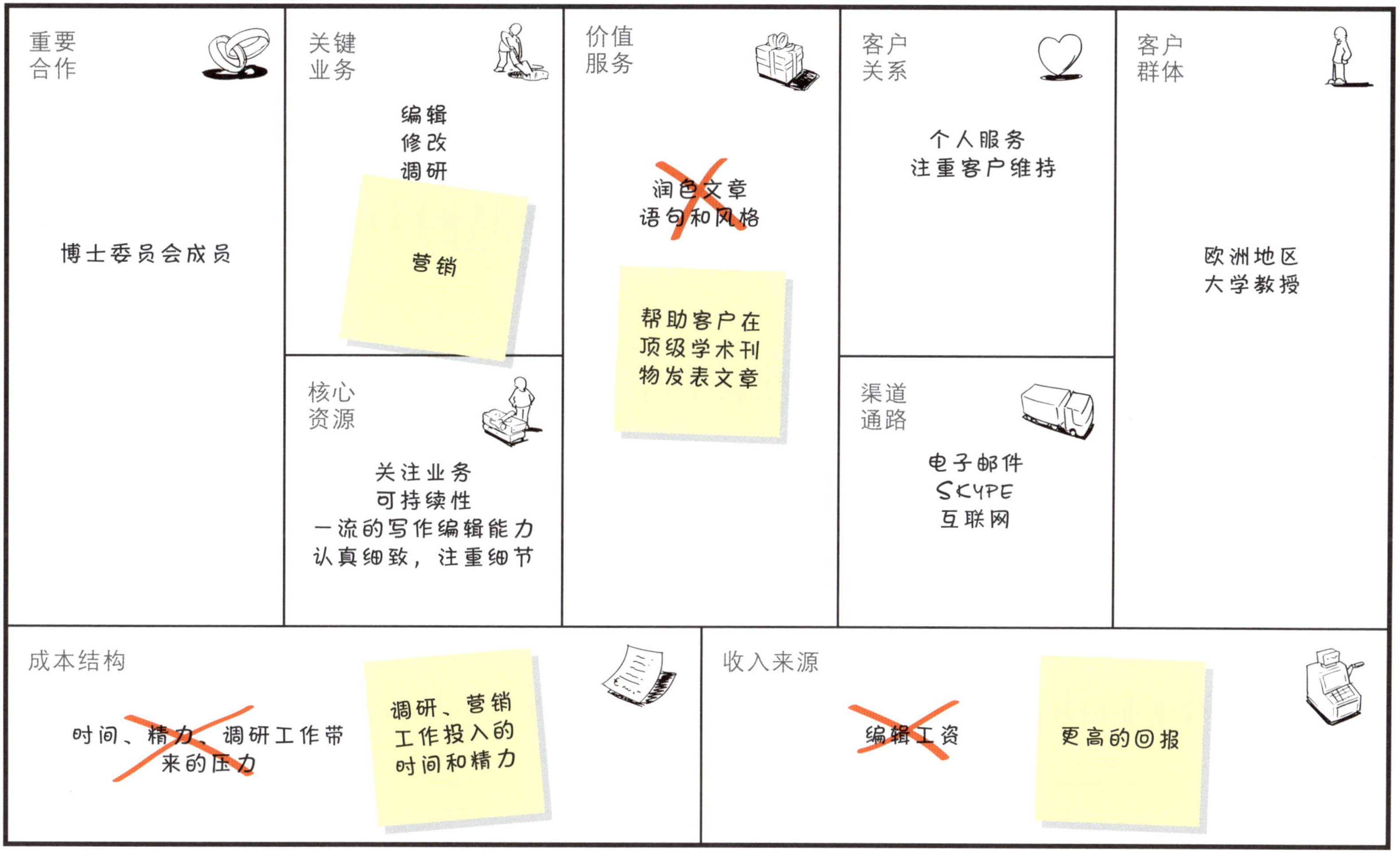

思考

反思人生方向，协调个人期望和职业发展

第 4 章

我是谁

案例研究：

让兴趣和职业结合起来

个人信息：

遛狗师

安德烈亚·韦尔曼是一位商业摄影师，最近刚被公司解雇。不过，她努力安定自己的情绪，并没有寻找救济，也没有在网上找客服工作或是伸手向家里要钱。

与此相反，她决定利用这个机会满足自己长久以来未曾实现的愿望——重新发现自己。

安德烈亚坦然承认，想要“找个临时工作挣点钱花”的诱惑确实很大。不过幸运的是，最后重新设计个人商业模式，实现自我反省的念头占了上风。她说：“在丢掉工作之前，我每天就像行尸走肉一样生活，现在是个难得的机会，我可以重新思考自己的职业道路了。”

安德烈亚的生活中有两件非常热衷的事——养狗和跑步。因为爱狗，她从小就喜欢养狗。至于跑步，虽然这个爱好刚形成不久，但安德烈亚非常投入，经常做 5 英里或马拉松长跑。就在被公司解雇几个月之前，她刚刚养成了新的爱好——带着狗儿茉莉一起跑步。有时候，她也会帮助朋友遛狗，她们一起跑步的身影经常出现在西雅图的街头。

丢掉工作后，安德烈亚每天都带茉莉去跑步。因为现在时间更多了，她开始帮着朋友一起遛狗。安德烈亚说：“遛狗让我感觉回到了正常生活，更重要的是它让我感到开心，我不再担心什么，只要和狗儿奔跑起来就觉得非常放松。”

有一天在翻看《跑步者》杂志时，安德烈亚读到了一个改变她命运的故事。她回忆道：“杂志上说芝加哥有个人把遛狗当作了全职工作，竟然可以靠这个生活。”一开始，安德烈亚有些怀疑，在网上一查发现，原来那人确实是个全职遛狗师。

安德烈亚马上给朋友们打电话，告诉他们这件事，然后问他们愿不愿意付费请她遛狗。出人意料的是，这些朋友爽快地答应了。她是这样介绍当时的情况的：“他们都说，自从我帮他们遛狗之后，小狗们都出现了积极的变化。他们认为这样对宠物的健康有利，因此很乐意掏钱让我遛狗。”

这件事让安德烈亚高兴坏了。

一开始，遛狗的收入根本谈不上什么稳定收入，充其量就是挣点零花钱。但是没过多久朋友们便开始四处推广安德烈亚的服务，向亲友同事积极宣传。很快，安德烈亚开始接到陌生人的服务请求了，这让她欣喜若狂。她说：“老实说我真没想过把这当做一份工作，答应别人只不过是多带一只狗而已。但是我喜欢这样做，而且发现小狗们也喜欢接触自然。”

随着问询服务的人越来越多，安德烈亚发现遛狗挣的钱可以支付房租了。几个月后，她的收入又增加了。有一天，安德烈亚突然意识到，原来只是作为一项消遣的活动竟然变成了自己的职业，她开始考虑采用商业模式经营了。为此，安德烈亚增加了宠物保险服务，考取了宠物急救资格证，甚至推出了网站。

如今，安德烈亚是一位全职遛狗师。她有 50 多个客户，因为忙不过来还必须要请别的遛狗师来帮忙。在她看来，这是一项很有意义的工作。安德烈亚说：“我的工作不仅仅是实现自己的梦想，而且帮助其他遛狗师实现了梦想，对我来说这种满足感是无法替代的。”

梦想中的工作多半是创造出来而不是寻找到的，这种工作很难通过普通方式实现。创造这种工作需要对自我有深刻的认识。

我梦想的工作

认识自我

迪克·博尔斯说过："大多的求职者找不到梦想中的工作，原因不是他们缺乏工作信息，而是因为缺乏对自己的了解。"迪克是职业咨询作品《你的降落伞是什么颜色》（*What Color is Your Parachute*）的作者，这是40年来最畅销的职业指导作品之一。[5] 梦想中的工作往往是创造出来而不是寻找到的，这种工作很难通过普通方式实现，创造这种工作需要对自我有深刻的认识。

但是，如同安德烈亚的案例一样，通常情况下只有危机出现时我们才会认真反思自己的职业和人生，比方说在丢掉工作或创业失败时。没有危机时的自我思考往往会被认为是自私的，但博尔斯认为思考自我并非自私之举，因为它关注的是你能为这个世界做出哪些贡献。

而且，在危机出现之前主动进行反思对于你和你的客户都非常有利，因为它能帮助你避开职业倦怠期和失望感。换句话说，只有当你实现更强的个人满足感时，你才能更好地帮助他人。

可是，如果没有迫在眉睫的危机，我们怎样才能展开有意义的自我反思呢？

工作之外的生活

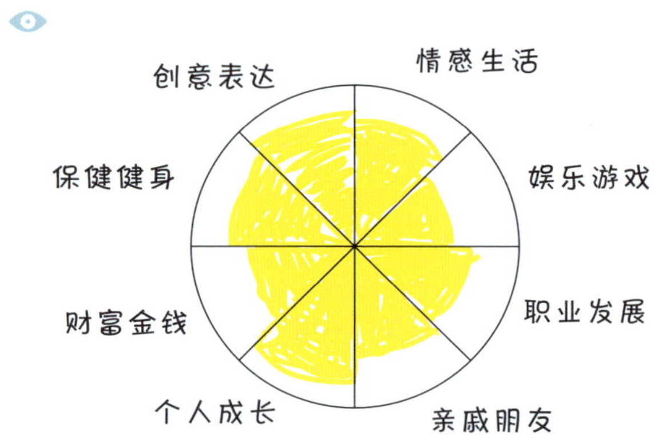

有时候，职业咨询顾问会让客户用“生活之轮”的小游戏来展开自我反思。这个游戏有很多个版本，每个版本都包括几个主题或客户可能会感兴趣的领域，如保健健身、职业发展、财富金钱、个人成长、娱乐游戏、情感生活、亲戚朋友、家居环境、创意表达、生活方式等。

这个游戏很简单，你只需选择生活中和你最相关的八个主题，然后在图中标出关注程度即可。

“生活之轮”练习

- 选择上述八个主题（也可以用你设定的主题或感兴趣的领域）。
- 在 73 页的图中依次标出八个主题，然后以圆心为零点（满足感最低），圆周为最大值（满足感最高）在每个主题区间标记分值。
- 标记完之后，把每个区间的分值用彩笔涂抹出来。

完全涂抹的区域表示此项生活主题得到了全面实现，部分涂抹的区域（如右上图所示）表明在这个领域你还需要更加努力。

有时候，职业咨询顾问会让客户完成这个练习，然后用另一支颜色的笔涂抹剩余的区域，以突出显示他们对哪个领域更感兴趣。这种练习可以让客户意识到，每个人对生活中不同领域的关注程度和理解都不一样。例如，在亲戚朋友这个部分有一半被涂抹，这种关注程度对某个人来说可能已经足够了，但对另一个人来说可能无法接受。

“生活之轮”游戏中包括各种主题，这些主题可以揭示我们的主要兴趣。此外，它还能说明生活中哪些方面和我们的工作同等重要或是比后者更为重要。

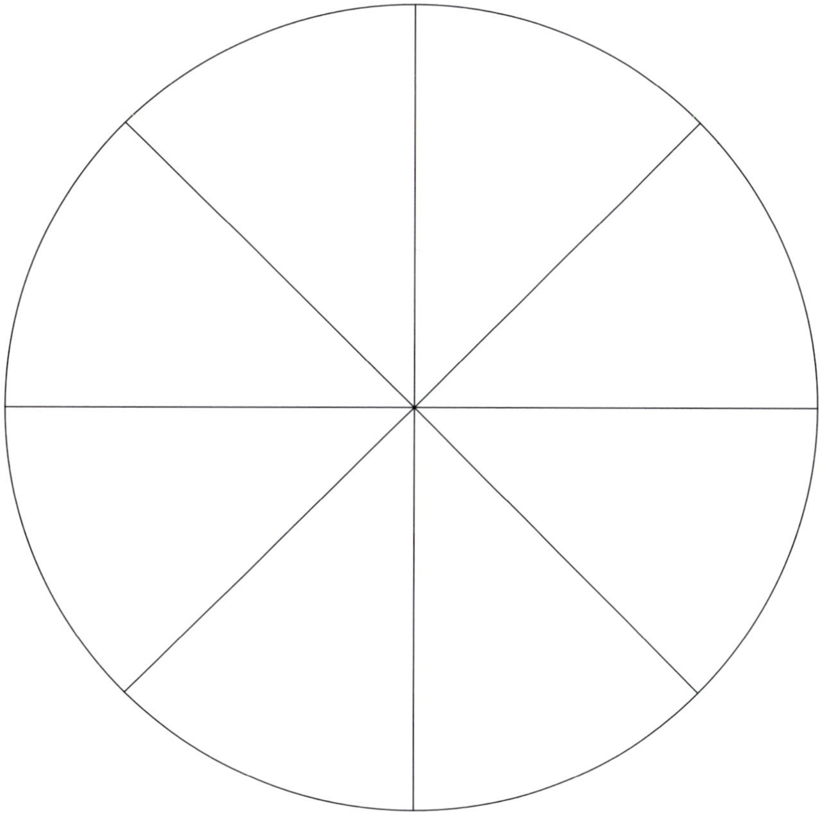

回答“我是谁”

思考完工作和其他活动在生活中的影响之后，你可能会发现一些不平衡之处。那么，怎样才能保持更为平衡的生活呢？

还记得安德烈亚是怎样找到人生的满足感和意义吗？她重新拾起了长久以来热衷的活动。事实证明，孩提时代喜欢做的事可以一直影响到我们的成年。

当我们还是孩子的时候，我们很清楚自己是谁，知道自己喜欢做什么，哪怕还没有足够的语言能力来表达这一切。

但是，马库斯·白金汉曾说过：“当童真褪去，你开始关注和周围整个世界的活动而不是和自己内心的交流。这个世界太大太嘈杂，你不得不打起精神应对来自各个方面的要求。”[6]

值得思考的是，我们的职业观和价值观往往是围绕着他人而非自己的期望建立起来的。特别是在职业选择方面，家庭、同龄人和老师经常鼓励我们围绕“安全”、“稳定”、“身份”、“高薪”等因素做出选择。

按照他人的期望塑造自己带来的问题是，我们会把他人的期望变成自己的目标，希望获得群体认同是一种非常强大的力量，它能轻易压倒我们内心的真实想法。

但是，如果别人的期望并不能让我们快乐该怎么办呢？

我们来做个思考实验。

想想你 20 岁之前的生活，那时：

你喜欢做什么？

你喜欢参加什么活动？比如说游戏、体育、课外活动或学习内容，想一想哪些无忧无虑的事情最吸引你？

有哪些事情会让你全神贯注几个小时，完全忘记周围的世界？哪些事做起来会让你感觉时间总是过得特别快？

把这些事情写在下一页。

寻找失去的兴趣

如今的你，是否还会纵容自己体验年少时的乐趣呢？那些感兴趣的活动是否在你的“生活之轮”中还占有一席之地呢？

白金汉指出，随着年龄的增长，我们很多人都会放弃“童趣”，投入到更严肃的活动中，如学习、工作或是做好准备成为负责的成年人。

或许是认为童年时代的热情和成年人的满足感南辕北辙，为了追求传统目标我们便抛弃了曾经的热情。

但是，尽管人会随着时间发生一些变化，研究表明我们在儿童时代形成的主要品质、热衷的事物和兴趣仍会保持相对的稳定。[7]

因此，即便我们实现了传统意义上的“成功生活”（如112页案例中的税务律师卡罗尔一样），内心深处我们还是隐藏着儿童时代未曾实现的梦想。

作为成年人，如果无法认清并追求这些曾经感兴趣的事物，我们的生活就会黯淡无光，体验不到全面的满足感和成就感。

“我们每个人的内心都深藏一个渴望，一个随着年华老去逐渐变成悲伤的渴望。我们每个人的渴望都与众不同，因为它正是长久以来我们希望把自己塑造成的模样。只有当我们做到听从内心的声音时，我们的人生才会充满意义和价值。”

——乔治·金德（George Kinder）[8]

多重角色

思考完工作、兴趣和童年，接下来我们来做一个练习，这个练习可以帮助你重新定义自己，推动你的工作生活更进一步。

这个练习由世界最富影响力的职业咨询顾问迪克·博尔斯设计，能帮助你回答“我是谁”这个复杂而重要的问题。

准备十张白纸，顶端写上“我是谁”三个字。

在每张纸上写下你的答案。

写完后，从头浏览一遍，然后对你的答案做出扩展说明，写下：①你为什么这样回答；②这个回答哪里让你心动。

完成后，把这些回答按重视程度依次排序，哪个角色对你来说最重要就放在第一页，第二重要的角色放在第二页，依此类推，最后一页描述的是最不重要的角色。

最后，按顺序阅读一下这些回答，特别要注意你是怎样描述这些角色的令人心动之处的，看看在这些回答中有没有共同点。如果有，在另外一张纸上写下是哪些共同点。

对，就这么简单！只要发现了让你感到激动、有意义和有帮助的生活角色，你就有机会实现自己的梦想中的工作、职业或使命了。[9]

下一页我们将通过一个案例说明如何完成这个练习。

我是谁？

下列角色有哪些令我心动的地方？

1. 丈夫

爱、性、一家之主、人生伴侣

2. 父亲

刺激、欢乐、孩子成长带来的满足感、孩子成功带来的自豪感

3. 教师

帮助他人、有益于社会、探索揭示神秘事物或事实真相、练习设计演示技能、学习、写作

4. 企业家

创造新事物带来的成就感、风险和回报、神秘性、自我表现

6. 儿子

家庭联系、发现自己在父母和子女之间的地位、家庭传统传承

7. 兄弟

家庭联系、生活伙伴、家庭传统传承

8. 译员

练习特殊技能、使用语言、文化沟通桥梁、揭示文化中的难解事实、写作及编辑

9. 演讲人

注意力、获得认同、设计演示表达信息、赢得掌声

5. 作家

自我表现、获得认同、练习写作技巧带来的乐趣、文艺之美

10. 音乐家

创作分享美好事物、学习、友谊、表演

共同点

探索揭示神秘事物或事实真相、设计和演示、写作、自我表现、学习、练习特殊技能、伙伴关系

要实现快乐、有益于他人的有效生活，我的职业必须利用或包括哪些因素？

设计演示表达信息、探索生活之美和真理、注重语言不但涉及书面表达和当面陈述，而且可以和他人形成友好互动。

多重画布

按顺序确定你在生活中关注的各种角色之后，现在可以为每个角色绘制一张单独画布了。

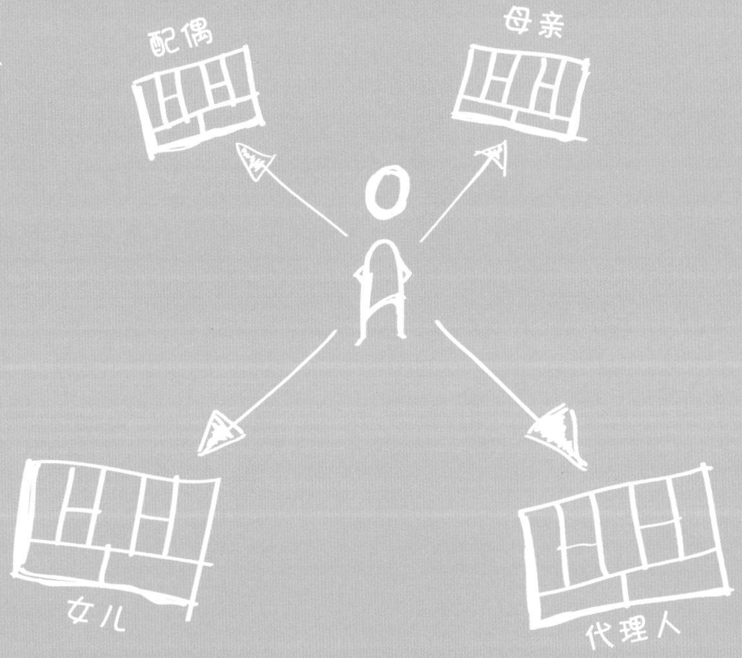

例如，如果为配偶这个角色做一张画布，那么你的客户群体是什么？提供的价值服务是什么？实施的关键业务是什么？

克里斯蒂娜的个人商业模式

□ 旧模式 □ 新模式

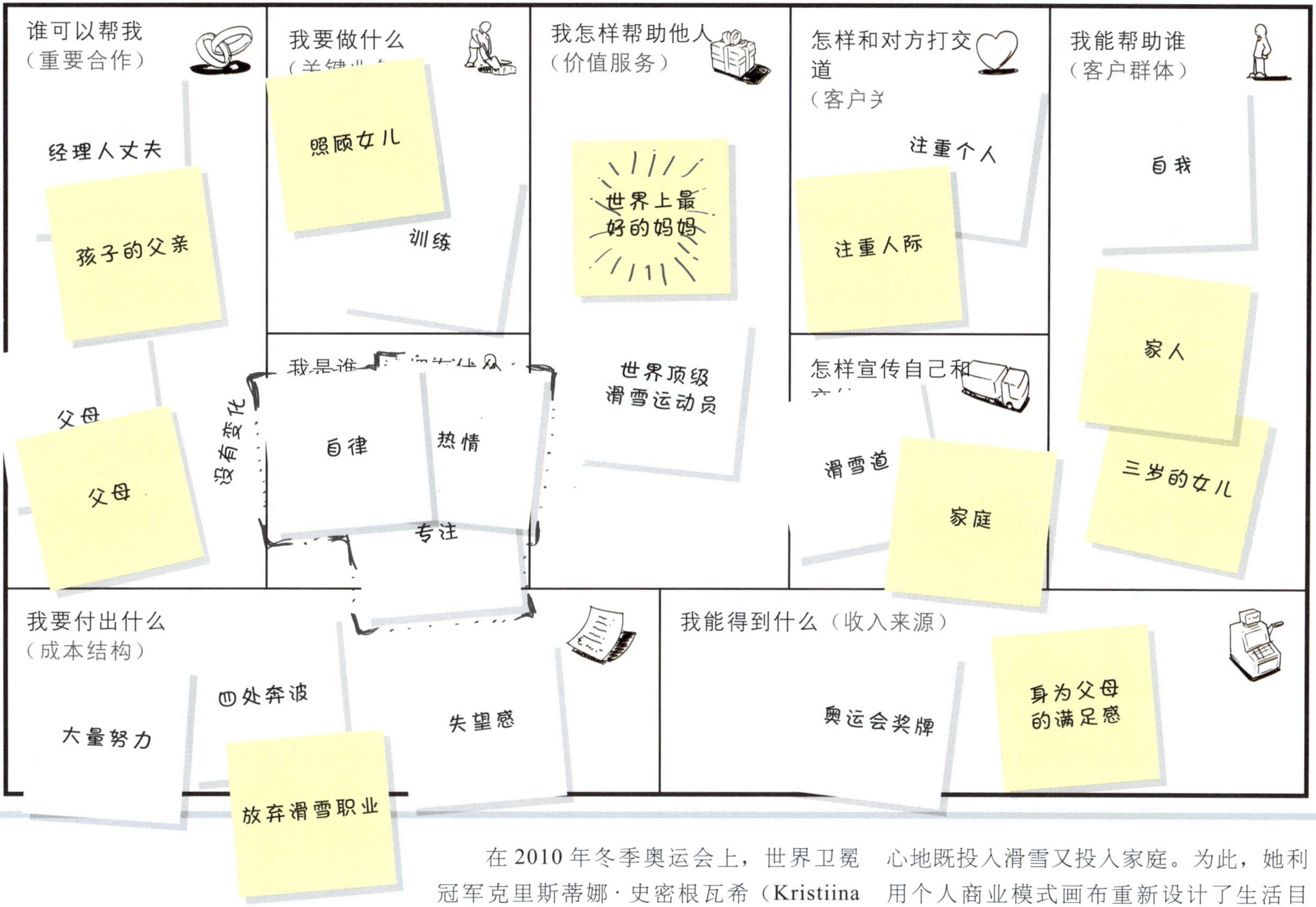

在2010年冬季奥运会上，世界卫冕冠军克里斯蒂娜·史密根瓦希（Kristiina Šmigun-Vahi）在自由越野滑雪赛中赢得银牌。从那之后，她意识到自己无法全身心地既投入滑雪又投入家庭。为此，她利用个人商业模式画布重新设计了生活目标——成为全世界最好的妈妈！

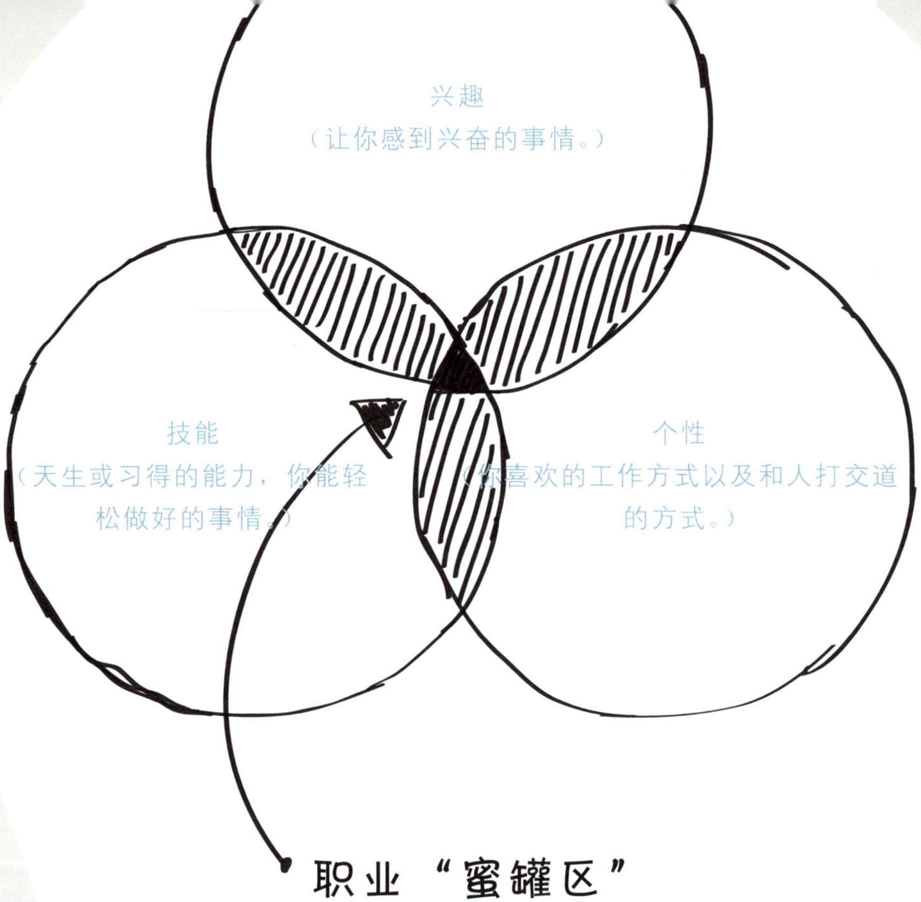
兴趣
（让你感到兴奋的事情。）
技能
（天生或习得的能力，你能轻松做好的事情。）
个性
（你喜欢的工作方式以及和人打交道的方式。）
职业“蜜罐区”

生命线探索

大多数职业咨询顾问都认为，工作满足感源自于三个主要方面，即兴趣、技能和个性。[10]

生命线探索工具可以帮助你定义和审视这三个方面。

第一步：绘制生命线高低潮

回想一下在你的生活中出现过哪些高潮和低潮事件，然后把这些事件在下图罗列出来，回忆上溯的时间尽可能久远一些。

图中纵轴代表高潮低潮，横轴代表时间。

高潮和低潮事件分别指：

- 生活中具体的、重要的事件，它们可以是好事或坏事，可以和个人或职业相关，涉及范围不限，包括工作、社交、情感、爱好、学习经历、精神追求等各个方面。
- 你清晰记得的重大事件，导致强烈个人感受的事件。
- 重大的职业变化，包括积极和消极变化。

下面是一份空白的生命线记录图（自己画一张也行），现在你可以在上面用圆点标出记忆中的重大事件，然后在旁边附上简单说明，如“和简结婚”或“在Vesta找到工作”。

你可以从图中最左边开始记录生活中的高低潮事件，一直向右延伸到当前状态。标记15～20个事件之后，用一条线把所有圆点连接起来。

完成之后的生命线记录图和右边的图差不多，这张例图是我们的会员达西·罗布尔斯绘制的，体现了她对个人工作生活状况的满意程度。

高低潮

我的生命线记录图

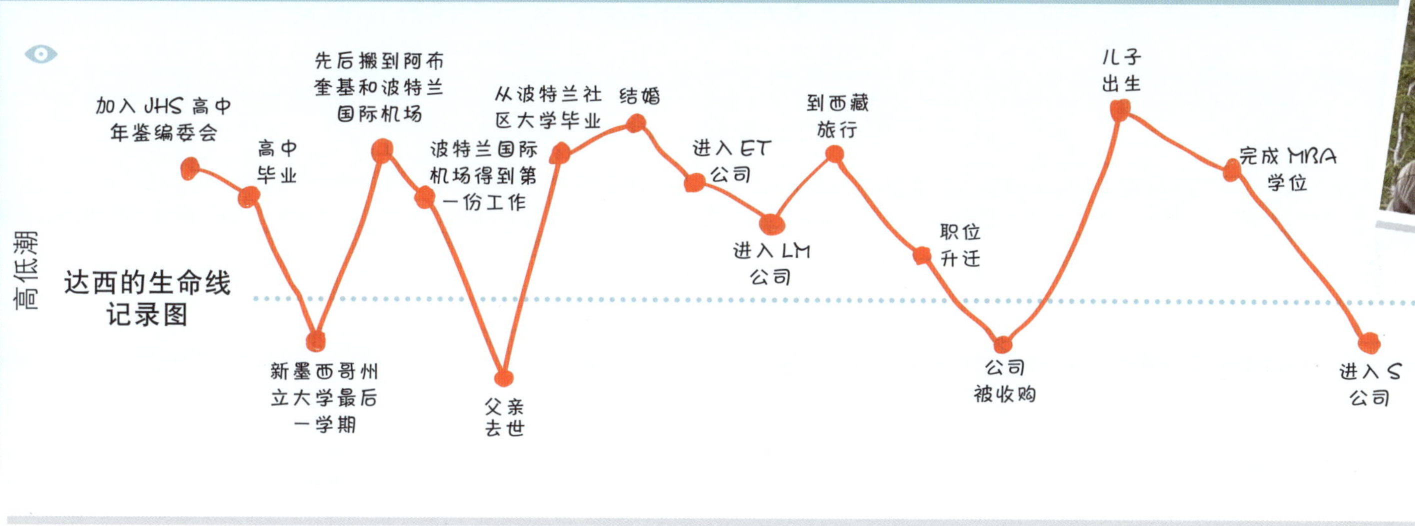
高低潮
达西的生命线记录图
时间
加入JHS高中年鉴编委会
高中毕业
新墨西哥州立大学最后一学期
先后搬到阿布奎基和波特兰国际机场
波特兰国际机场得到第一份工作
父亲去世
从波特兰社区大学毕业
结婚
进入ET公司
进入LM公司
到西藏旅行
职位升迁
公司被收购
儿子出生
完成MBA学位
进入S公司

时间

第二步：对事件进行说明

用一两句话简单对图中的高低潮事件进行说明。这个办法可以发现职业满足感的推动因素，特别是关系到个人兴趣、技能和价值观等方面的因素。具体操作如下所示。

使用动词描述，如“设计过”、“领导过”、“组织过”等。使用一两个动词说明你经历过的每次事件。比方说，如果你在学校活动中表演过独唱，不要简单地写“唱过歌”，要写“在校内才艺秀上挑选、彩排、表演过歌曲《小雨纷纷》，观众反应热烈！”

此外，你还要指出事件发生的背景，即活动的地点和主题。像在上面的例子中，你应当说明事件背景是“校内才艺秀”。

下面是达西描述的五个生活事件。

1. 加入高中年鉴编委会：参与设计开发高中年鉴；意识到积极思考的重要性；对自己充满信心。

2. 毕业于波特兰社区大学，获得计算机信息系统学位：利用逻辑推理能力解决问题给我带来很大的满足感；学习设计开发解决方案；参与创意开发，和小组成员为共同目标合作。

3. 进入ET公司工作：从内部客户那里倾听问题和机会；使用技术分析能力开发解决方案带来很大的满足感；由于工作涉及领域广，相关技术知识不断增长，工作环境紧张活泼，气氛非常乐观。

4. 到西藏旅游：参加冒险之旅，体验西藏的独特文化；增加了对当地人民及其历史的了解；实现了自我反省和个人成长。

5. 公司被收购：管理一支团队的日常经营活动，很少进行技术开发；新思路的开发和实施能力受到约束；有一定的个人发展空间，但学习新知识的机会很有限；新的企业文化更为官僚化，采用老式管理，重视赢利能力忽视价值驱动，缺乏积极能量。

我的生命线事件：

1	11
2	12
3	13
4	14
5	15
6	16
7	17
8	18
9	19
10	20

第三步：确定兴趣

下面我们要做的是自我测评。

兴趣是一项很重要的资源，它决定着你的与众不同之处。在你的生命线记录中，想想那些高潮事件，即让你曾经倍感兴奋的活动，它们是在什么背景（行业领域、主题或兴趣范围）下发生的？具体涉及哪些活动？这些活动体现出你的哪些兴趣范围？这些兴趣范围是怎样和你的“生活之轮”游戏结果相匹配的？

此外，你还应当确定生命线中的职业过渡期，因为在此期间你必须做出关键决策。对这些过渡期来说，它们是高潮事件还是低潮事件呢？

职业咨询顾问注意到，内心对控制的关注对于实现职业满足感来说至关重要。它意味着你必须对想做什么做出个人选择，而不应屈从于外部影响（如家庭、朋友、同事、金钱、社会等方面）。只有在充分了解自我时，我们才不会按照他人的期望行动，才不会把职业发展选择权交给别人掌控。

达西的自我认识

我最感到满意的是能够利用自己的创意和分析（逻辑思维和推理）能力，以积极务实的态度开发和实施问题解决方案。在为客户开发问题解决方案时，能够和一个努力工作的小组为同一个目标奋斗，这样的项目会让我产生强烈的满足感。最后，我强调的共同主题是多样性和持续学习，包括技能和个人发展方面的持续学习。

我使用的关键词是：开发、创造、解决、学习、分析、实施创意、沟通、与他人合作。

第四步：描述技能

回到 89 页的生命线记录图，在图中圈出所有的高潮事件。接下来，你要做的是阅读下面的表格，在符合你对高潮事件描述的词语旁打钩。这些词语可能无法精确描述你经历过的高潮事件，你可以选择含义近似的打钩，然后计算每一栏的打钩数。

从这里开始打钩

做过财务		设计过广告		做过分析		组装过产品		参加或组织过活动		争论过议题	
做过审计		从事过艺术创作		从事过独立研究		参与过楼宇建设		加入过社交组织		发起过行动	
做过数据处理		构思过概念		设计过问卷		关心动物		关注过儿童老人		领导过下属	
做过运算统计		创作过艺术品或出版物		诊断过问题		驾驶过车辆		参与过协调		参加过谈判	
做过库存盘点		思考过创意		参加过科技展或竞赛		修理过电子机械		做过咨询		参加过政治活动	
管理过办公室		设计过建筑或家具		调查过问题		修理过产品		理解他人		说服影响过他人	
操作过机器		编排过戏剧		从事过实验室工作		制定过计划		主持过活动		推销过观点	
开发过代码		编辑过文本		读过科技出版物		做过勘测航行		参与过访谈		经营过公司	
做过采购		表演过音乐或舞蹈		解决过科技问题		参加过职业课程		结识朋友		销售过产品	
做过登记抄写		参加过艺术课程		学习过专业课程		处理过设备故障		参加过宗教活动		做过公开演讲	
做过文秘		搞过摄影		参加过理科课程		使用过工具或重型设备		指导过学生		监督管理过他人	
参加过商业课程		写作出版过作品		编写过技术文章		做过室外工作		当过义工		参加过管理课程	

在此统计每栏打钩数

第五步："十大"和"五爱"

统计完每栏打钩数之后，你可以从中选出经常做的十大活动。

十大常做活动

1

2

3

4

5

6

7

8

9

10

然后，再从表中选出你最喜欢的五种活动，哪怕这些活动没有打过钩。对照88页生命线记录图中的个人描述，看看这些是不是你最喜欢的活动。图中描述的活动是否都已打钩，有些活动是否需要你多花时间去参与？

五大喜爱活动

1

2

3

4

5

第六步：明确能力和期望

从你的十大常做活动和五大喜爱活动列表中，选出3～5项既让你感到兴奋又有能力在工作中做好的活动。

想做又能做好的事

1

2

3

4

5

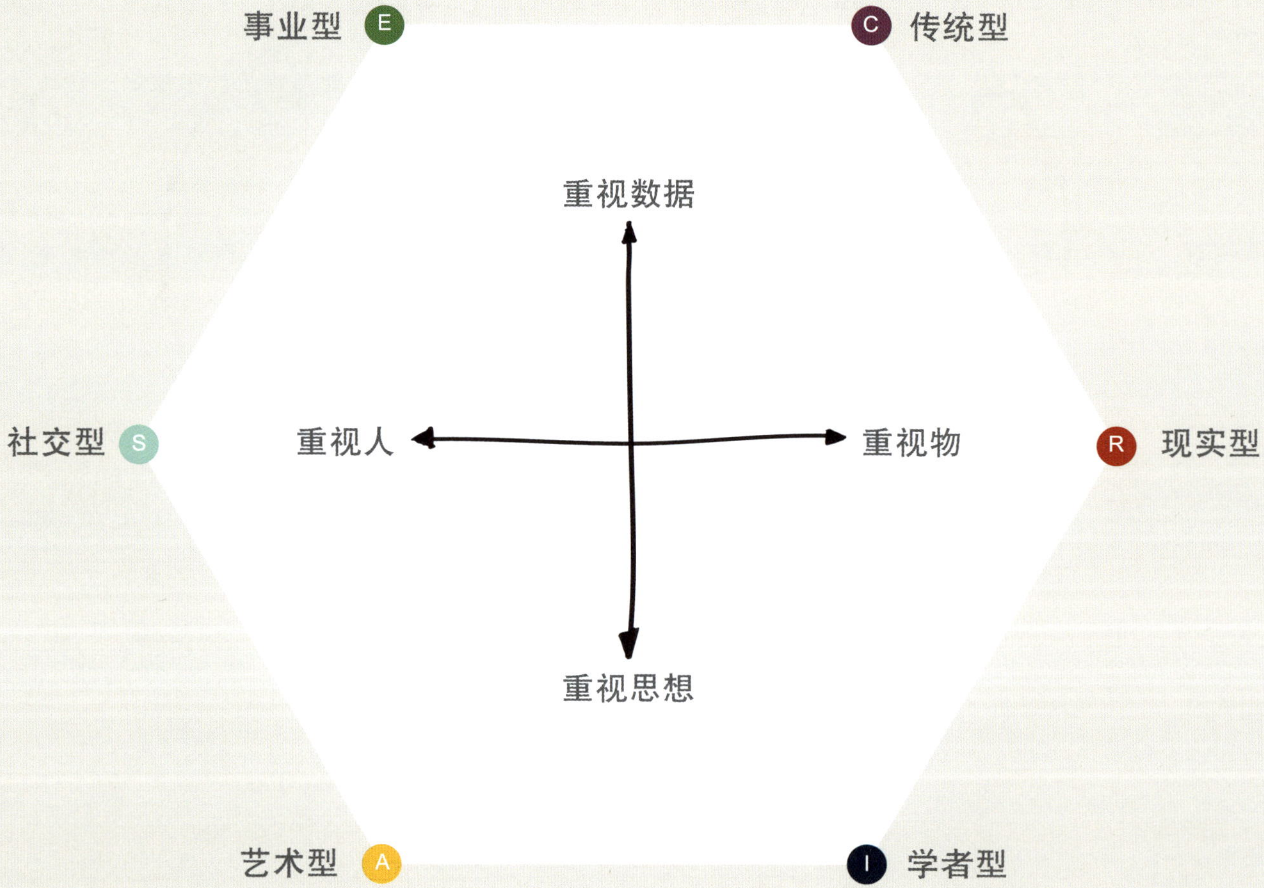
事业型 E
C 传统型
重视数据
社交型 S
重视人
重视物
R 现实型
重视思想
艺术型 A
I 学者型

个性与环境

这个练习是在著名的职业评估咨询法的基础上开发的，它能帮助你以内在个性和外在环境是否协调为准绳更好地理解职业选择。[11]

约翰·霍兰德（John Holland）是一位美国心理学家，他关于职业选择的理论已经得到几十年来许多研究者的测试和验证。霍兰德的理论不但为全球使用最广泛的职业兴趣量表提供了基础，而且频繁出现于美国劳工部的各种分类统计和出版物中。

几十年前，霍兰德就提出了直到今天仍具有深刻指导意义的观点：职业兴趣即人的个性的体现。换句话说，职业代表的是一种生活方式，它是一种环境而非一组毫无关联的工作职能或技能。[12]

也就是说，人们的职业选择能够彰显其个性，一如他们可以通过选择朋友、兴趣爱好、消遣方式和就读学校来表达个性一样。此外，它还表明职业满足感取决于工作者的个性和工作环境之间的匹配程度。（注意：此处“工作环境”主要指工作场所中的其他人。）

为便于理解职业兴趣是工作者个性的表达方式，霍兰德定义了六种不同的个性倾向（类型），强调说明每个人的个性都是多种倾向的混合体，其中某些方面的倾向要比其他倾向更为显著。[13]

霍兰德的六种个性倾向

S 社交型

这种倾向喜欢和他人合作以告知、开发、协助或消除问题，注重沟通和教育能力，应避免现实型职业或活动。

I 学者型

这种倾向喜欢调查研究自然、生物或文化现象，注重科研和数学能力，应避免事业型职业或活动。

A 艺术型

这种倾向喜欢利用有形或无形材料创作艺术作品或产品，注重艺术、语言和音乐能力，应避免结构化活动或传统式职业。

团队能力便签

C 传统型

这种倾向喜欢组织或处理结构化数据，注重文秘和计算能力，应避免模棱两可的、随意的、非结构化职业或活动。

E 事业型

这种倾向喜欢影响或领导他人以实现组织目标或经济利益，注重领导和说服能力，应避免学者型职业或活动。

R 现实型

这种倾向喜欢利用工具、机器或动物进行户外工作，注重机械和运动能力，应避免社交型职业或活动。

确定你的个性倾向

为深化对个性倾向的理解，可以先看一下92页的表格，表中共有六栏，以红、蓝、黄、青、绿、紫颜色代表六种不同的个性倾向。统计你在每一栏的打钩数，然后按照对应的颜色写到99页六角形的圆圈内。比方说，如果你在蓝色一栏的打钩数多于其他颜色，则表明你的个性倾向为“学者型”。

理解六种个性倾向不但能帮助我们更好地认识自己，同样也能帮助我们更好地认识由他人组成的工作环境。

实际上工作环境和人一样，也可以用六种倾向来描述。例如，银行是典型的传统型工作环境，广告公司是典型的艺术型工作环境。职业满足感在很大程度上取决于工作者的个性和工作环境之间的默契度。

比方说，具有强烈艺术倾向的工作者如果在银行或保险公司等传统型环境工作，很有可能会感到失望。同样，具有强烈传统倾向的工作者如果在广告公司或剧院等艺术型环境工作，也很难取得事业成功。换句话说，“我是谁”（核心资源）可以促进“我要做什么”（关键业务），两者必须保持和谐一致。

企业家、商业主管、销售员、旅行代理、经理人、采购人等。

银行家、簿记员、秘书、计算机程序员、金融分析员、报税员等。

宗教工作者、门诊心理学家、语言治疗师、护士、咨询顾问、教师等。

汽修工、飞机检查员、电工、农夫、测量员等。

演员、作曲家、音乐家、设计师、室内装修师、舞蹈演员等。

地质学家、化学家、物理学家、实验室助理、医学技术员、生物学家等。

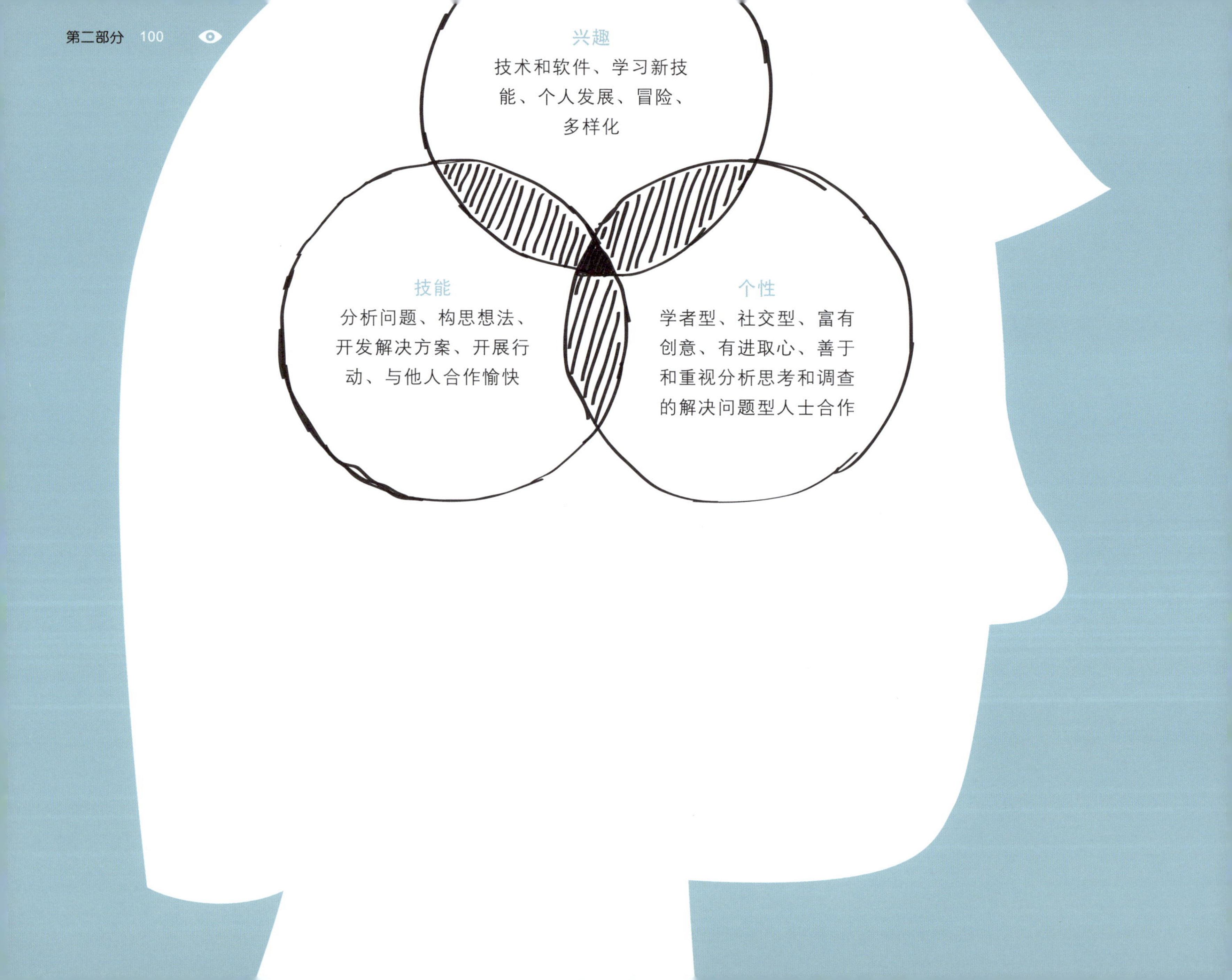
兴趣
技术和软件、学习新技能、个人发展、冒险、多样化
技能
分析问题、构思想法、开发解决方案、开展行动、与他人合作愉快
个性
学者型、社交型、富有创意、有进取心、善于和重视分析思考和调查的解决问题型人士合作

“我发现自己喜欢分析问题解决问题，此外我有能力与他人合作，帮助他们创建、开发、实现设想和解决方案。”

——达西·罗布尔斯

案例研究：

认识自我

个人信息：

计算机程序员

有时候，我们只需调整一下工作者和工作环境之间的“不适”，职业满足感就会得到极大提升。肖恩·巴克斯就是这样的例子。

上大学时，肖恩上课从不缺勤，而且每周还要工作 15 ～ 20 个小时，做计算机编程工作。肖恩在编程方面表现很优秀，他主修的是计算机专业，所做的兼职工作也是这一行，这让他感觉如鱼得水。教授对他的专业知识赞不绝口，不断鼓励他继续取得进步。此外，肖恩兼职的科利登信息公司（Credence Systems）非常认可他的工作，在即将毕业时为他提供了全职工作机会。

肖恩接受了这份工作，他了解编程也喜欢编程工作，对于获得这个机会感到非常高兴。

但是没过多久，肖恩发现这份工作磨光了他的热情。一开始，他以为是进错了公司，于是在另一家软件公司找到了编程工作。但很快肖恩再次感到失望，跳槽到了第三家公司。现在，他又出现了和以前一样的失落感。

这时，肖恩觉得既愤怒又绝望。毕业还不到两年，他已经换了三家公司，他甚至怀疑自己是不是在大学选错了专业。迷茫中，肖恩找到职业咨询顾问寻求帮助。对方并不建议他继续换工作，而是花几周时间重新认识一下自我。肖恩同意了。

利用对话和评估工具，咨询顾问帮助肖恩意识到自己的个性倾向为社交型。实际上，肖恩骨子里其实是个爱交际的人，只不过碰巧具备很强的自然机械方面的能力。上大学时，和同学老师的交往满足了他的社交需求，而兼职编程工作实现了他的个人兴趣和收入来源，因此两者并没有出现矛盾。但毕业成为全职员工后，每天都要坐在电脑前忙碌，没有丝毫机会和他人互动，这些最终耗尽了肖恩的工作热情，让他感到非常痛苦。

肖恩意识到，尽管自己喜欢技术，但在软件公司的工作缺乏社交互动的机会，而这一点恰恰是他需要的。于是，经过和上司的交流，肖恩转到了另外一个岗位，负责向其他员工传授计算机应用技能，他的工作满足感很快就得到了迅速提升。

通过这件事，肖恩了解到了核心资源是如何和个人商业模式中的其他两方面因素互相影响的。

兴趣和技能

肖恩对计算机编程的兴趣和技能都是显而易见的，这些也是他重要的核心资源。直到肖恩成为全职员工感到职业受挫之前，他几乎从未考虑过认识自我。但是，正是在对自己进行反思之后，他才发现自己还有其他重要的兴趣和技能，特别是帮助和指导他人的兴趣和技能。这些核心资源在他的工作生活中被彻底地"忽略"了，从而导致了挫败感和失望感等"软"成本的激增。

个性

肖恩意识到传统型"程序员"是其个性的一部分，但实际上在他内心中社交型倾向的重要性甚至超过了传统型倾向。纯粹的编程工作之所以会让他感到失望，是因为他的工作环境只满足了其个性中的一个方面，即传统型倾向，这种倾向强调结构化、组织化和高度的可预测性（即循规蹈矩）。

控制焦点

肖恩喜欢电脑，但并没有想过把自己定位成一个程序员。实际上，"程序员肖恩"这个定位是他的同学、教授和同事们通过赞扬和肯定等方式强加给他的。这种鼓励加上科利登信息公司主动提供的全职工作机会蒙蔽了肖恩，让他未及细想便接受了"程序员"这个称号。而且，这种盲目接受的蒙蔽性很强，以至于在问题出现之后肖恩把原因归结于外部资源（即软件公司）而不是其内部资源（即缺乏自我认知导致的核心资源和关键业务失调）。

案例研究：

倾听别人的看法

个人信息：

医学院预科生

学医是库什布·查柏利亚个人的决定，这个决定没有和任何家人朋友商量。实际上，她的父母希望她能选择一个竞争不那么激烈的专业，毕业后就安安稳稳地结婚生子过日子。

可是，库什布想当医生的想法已经有好多年了，她的意志非常坚定，最后在加州大学圣迭戈分校报名读了医学院预科。

后来的事实证明，她的独立自主和意志坚定并没有很好地发挥作用，反而为个人目标与真实内心的冲突投下了阴影。

在一次争取实验室助教的面试中，有机化学教授的话让库什布受到了打击。教授问到了她的课外活动经历，其中包括在华盛顿为期半年的医保改革实习生活动。

听完回答后，教授说："在谈到实习时你两眼发光，非常兴奋，但谈到科研时就语调平淡了，看起来你并不适合这个职位。"

这番话让库什布意识到，自己一直关注和喜欢的东西，如医保实习、急诊学生住房计划，以及在校园活动办公室所做的兼职营销工作，原来和成为一名职业医生所需的活动根本不是一回事。

但真正问题的暴露是当天晚上她和好友在咖啡店里的一次对话，朋友直言不讳地说："你真正想做的不是当医生，你不是那种人。"

库什布气冲冲地离开了朋友，她生气是因为意识到朋友的话是正确的。实际上，她的社交型和事业型倾向要远远大于学者型倾向。

库什布说："从小到大，我从没想过为了成为一个医生去学习竟然是我不感兴趣的东西。如果不是朋友指出我真正的兴趣所在，直到现在我可能还蒙在鼓里。"

如今，库什布主修的专业是人类发展学，辅修心理学。她毕业之后希望从事的是社会心理、创新和公共政策等领域的工作。

花时间和身边值得信任的人沟通

库什布的经历表明，值得信任的朋友对个人职业选择具有非常重要的帮助作用。从某种程度上说，这本《商业模式新生代（个人篇）》也是一个你值得信任的朋友。不过在进行自我认识的过程中，最好还是和你的家人、朋友、同事或职业咨询顾问进行面对面的深入交流，因为它能给你带来莫大的帮助。

你是哪一种人？

下面我们来介绍一个简单实用的自我认识练习，你可以和朋友、同事、上司、父母或其他熟悉你的个性的人一起做这个练习。

1. 把 108 ～ 109 页的个人品质描述表复印几份，在表中圈出最符合你的形容词，至少选择 12 个左右。

2. 说明所选的形容词对你意味着什么。例如，如果你选择的是“稳定”，可以这样补充描述：“我总是在项目中坚持到底，从不半途而废。”

3. 把复印好的表格发给你信任的朋友、同事、上司、家人或其他伙伴，请对方圈出十几个最能描述你特质的形容词。你可以这样请他们帮忙：

“我想了解一下别人是怎么看我的，你能根据自己的看法在这张表上选出十几个最能描述我的词吗？”

4. 对方选完后，和他们聊聊为什么会选择这些词。你可以这样问：

“你选了‘富有创意’，你觉得我的创意性是怎么体现出来的？你觉得创造力对我来说有多重要？关于这个选择你觉得还有什么需要向我说明的？”

5. 按照上面的方法，和尽可能多的值得信任的朋友重复这个练习。经过两三次练习之后，你的一些共同特征就会浮出水面。想知道别人对你的看法是否和你的自我认识一致？这个练习能帮助你发现从未意识到的个人优势！[14]

思维抽象	惹人讨厌	好奇心强	感情用事
擅长学术	气量宽宏	关注客户	理解他人
易于接受	商业派头	大胆莽撞	精力旺盛
表达准确	冷静镇定	坚决果断	事业心强
事业感强	无忧无虑	容易击败	满腔热情
注重行动	谨小慎微	恭敬顺从	与众不同
适应性强	有同情心	目中无人	令人兴奋
喜欢冒险	小心认真	深思熟虑	自私自利
感情深厚	三心二意	非常可靠	经验丰富
胆小怕事	有号召力	爱依赖人	专家里手
进取心强	容易上当	情绪低落	立场坚定
爱发牢骚	缺乏热情	注重细节	态度灵活
超然度外	善挖商机	意志坚定	做事专注
野心勃勃	效忠尽责	勤勉用功	愚不可及
开心喜乐	能力突出	圆滑世故	宽容大度
善于分析	有竞争力	容易失落	坦诚直率
爱发脾气	非常自信	自律性强	待人友好
讨人嫌弃	容易困惑	小心谨慎	易受挫折
焦虑不安	保守守旧	趾高气扬	爱找乐子
善于感恩	表里如一	惊慌不安	慷慨大方
担心忧虑	容易满足	条理性差	温文尔雅
善于表达	反应冷淡	控制欲强	阴郁沮丧
窘迫惭愧	善于合作	脚踏实地	讨人喜欢
固执武断	勇敢无畏	精力充沛	做事稳重
精明机敏	疯狂狂热	悠闲自在	戒备心强
爱摆架子	富有创意	效率性高	快乐开心
胆怯害羞	值得信任	影响深刻	爱帮助人

无助无靠
充满敌意
易受羞辱
幽默风趣
歇斯底里
理想主义
想象丰富
缺乏耐心
容易冲动
优柔寡断
独立自主
漠不关心
个人主义
勤劳刻苦
影响力强
积极主动
善于创新
见解深刻
理智理性
善于内省
嫉妒心强
愉悦满足
目光敏锐
善解人意
知识渊博
胸无大志
轻率大意

知书达理
活泼好动
逻辑分明
迷失自我
充满爱心
忠心耿耿
就事论事
成熟稳重
井然有序
温和适中
爱惹麻烦
谦虚谨慎
动机强烈
客观公正
完全开放
一丝不苟
讲究条理
友好开朗
杰出卓越
过于敏感
惊弓之鸟
耐心细致
发火易怒
明察秋毫
感觉敏锐
不屈不挠
坚持不懈

循循善诱
开路先锋
洋洋自得
积极向上
注重实效
好管闲事
拘泥陈规
缺乏新意
注重隐私
先发制人
注重保护
自尊自豪
严格守时
爱提问题
头脑敏捷
安静腼腆
善于推理
被动反应
现实主义
喜欢沉思
易受否定
值得信赖
情绪放松
容易懊悔
愤世嫉俗
言行节制
能屈能伸

足智多谋
可靠负责
积极响应
勇担风险
忧愁郁闷
容易满足
怀疑成性
傲慢轻蔑
沉着自信
克己自制
严于律己
自我推动
独断专行
自以为是
感觉敏感
平静安宁
严肃认真
畏缩怕羞
轻浮愚蠢
真心实意
反应迟钝
喜欢交际
久经世故
悲伤痛苦
可怜遗憾
本能自发
扎实稳定

善于激励
直截了当
战略思维
坚强有力
功成名就
闷闷不乐
积极支持
大惊小怪
疑心重重
同情怜悯
机智圆滑
天赋异禀
滔滔不绝
注重任务
团队建设
团队参与
顽强不屈
软弱温柔
焦急紧张
纸上谈兵
麻木不仁
敏感易怒
细致周到
有条不紊
怯懦犹豫
大度宽容
做派传统

易中圈套
耀武扬威
相信他人
谦逊朴实
理解力强
独树一帜
犹豫不决
不同寻常
复仇心强
多才多艺
品行不端
精神饱满
不切实际
温暖热情
小心机警
软弱无力
固执任性
机智风趣
忧心忡忡

定义工作，解读自我

工作对你意味着什么

我们或许还没有面对失业，还没有产生职业倦怠，但不可否认的是，无论出于何种原因，我们很多人已经进入了职业迷茫期，就像安德烈亚失业前经历的那样。这种感觉就像在驾驶飞机自动航行，虽然看起来挺平稳，但前行的方向和速度往往是由惯性力量而非主观意志所决定的。或许，我们甚至会感到满意，因为这是一份符合自己兴趣的工作。但是，如果我们无法夺回驾驶控制权，这种满足感迟早会消失殆尽。

有一种方法可以帮助我们判断自己是否进入了职业迷茫期，帮助我们进行深入的自我反省，这个方法就是思考工作在生活中处于什么地位，这种地位是否和你心中对工作的看法吻合。

除了前面说过的自我描述，我们很多人主要通过工作来定义自我。比方说，陌生人初次交谈时总是用这句话来开场：“你是做什么的？”

显而易见，工作对不同的人来说具有非常不同的意义，工作对你的意义在很大程度上决定着“我是谁”这个命题的答案。

按照传统观点，职业咨询专家认为工作通常具有三种意义：

工作是谋生手段

它意味着为了收入而工作，不涉及多少个人因素或满足感。

罗伊·鲍迈斯特（Roy Baumeister）在《生活的意义》（*Meanings of Life*）中是这样描述这种思维方式的：“工作即一种实用性活动，就是说完成某事的主要目的是为了得到另一件事。”

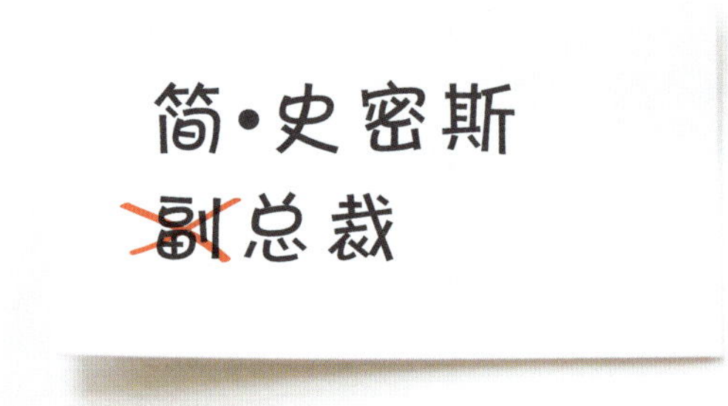

当然，作为谋生手段的工作也能产生宝贵的技能和满足感，但其主要目的还是为工作者提供生存基础以追求生活中其他方面的意义。

工作是发展方向

将工作视为职业，这种观点的前提是工作者的动力源自于对成功、成就和身份地位的渴望。鲍迈斯特认为，此类工作者对工作的态度并不是热情眷恋，

而是“强调努力工作对自我的回馈，对职业型工作者来说，工作是一种创造、定义、表达、证明和美化自我的方式”。将工作视为发展方向是实现人生意义和获得满足感的一个重要来源。

工作是使命召唤

如下页案例中卡罗尔的经历所示，“天职”这个词源自于“天将降大任于斯人也”这一理念。这种“天意”可以是外在动力，如上帝旨意或社区需要；也可以是内在动力，如需要向世人展现的天赋使命。鲍迈斯特称，这种工作强调的是“个人的义务、责任或命运”。

除了上述三种传统的工作定义外，我们认为还有第四种定义，即工作是自我实现。

工作是自我实现

对这种观点最好的解释是，它一方面体现了工作高度强调兴趣驱动的特征，另一方面淡化了咄咄逼人的“天命”特征。追求自我实现的工作者会选择不同寻常的职业道路，这些选择强调的是个人兴趣而非经济回报或名声威望。这种思考方式也是获得人生意义的一个重要来源。

显然，对工作的这四种定义并不是完全孤立的，它们彼此之间有互相重叠之处，每个人的工作都可能体现所有四种定义。这些分类的作用在于，它能帮助我们认识到对工作的不同理解能在多大程度上为我们提供人生意义感。

例如，视工作为“谋生手段”的人可以从家庭、兴趣爱好、宗教以及其他工作之外的活动中获得更多的人生意义。

视工作为“发展方向”的人倾向于把更多的人生意义投资到工作当中，有些人可能会牺牲家庭或其他方面的兴趣，以此作为代价提升自己的社会地位，赢得威望、财富和认可。

视工作为“使命召唤”的人会在工作中体会到极大的精神满足和职业成就，但也有些人会承受普通工作者无法想象的贫困（如画家和传教士等）。

最后，视工作为“自我实现”的人相对来说工作生活更为平衡，他们可以在工作中实现更多的人生意义，同时也不会牺牲家庭欢乐和其他方面的兴趣。

给缺乏信心者的建议

罗伯特·西蒙斯（Robert Symons）是一位心理治疗师和职业咨询顾问。此刻，他正笑眯眯地望着抽泣不停的卡罗尔。卡罗尔是一位税务律师，是来寻求咨询的客户。

事情的原因很简单，西蒙斯向卡罗尔问了一个问题："如果回到童年时代，作为一个冲动兴奋的小女孩你的反应会怎样？"

后来在谈到这一幕时，西蒙斯说这种情况在多年的咨询活动中曾经无数次上演过。

那么，是什么原因导致卡罗尔和众多被访谈者出现如此情绪化的反应呢？对此，西蒙斯的解释是：

……在我的客户中，让他们备受困扰的最常见最无助的错觉是，他们认为应当在正常的人生道路上，早在自己取得学位、建立家庭、购买房屋和进入顶尖律师事务所之前，就已经凭直觉认识到该怎样合理地安排自己的一生。[15]

西蒙斯描述了他的客户如何"备受残念困扰，只因想到在自己完美的'天职'之路上出现了一些失误或愚行"。

换句话说，人们总是认为自己应该追求的是一条特定的职业道路，一条既能得到成功又能实现人生意义的道路——结果却发现总是无法做到。

这种观点到底是从哪里来的呢？

"天职"的概念源自于中世纪时期，指的是突然领悟上天传达的献身于基督教传教服务的旨意。西蒙斯认为，随着时间的发展这个词的世俗版概念逐渐得到发展，直到今天仍困扰着很多人的工作观念。西蒙斯的采访者是这样描述这一概念的：

……认为人生意义在某种程度上必定会以现成和确定的形式展现在我们面前，这种期望让我们备受折磨，因为它让我们变得永远迟钝，感受不到困惑、羡慕和遗憾。[16]

很多人认为，即使找不到真正意义上的"天职"，他们也不会优化自己的工作生活。这个问题该怎样解决呢？作为职业咨询顾问，西蒙斯建议人们从人本主义心理学家亚拉伯罕·马斯洛（Abraham Maslow）那里寻找灵感：

人们了解自己的需求并非易事，这是一种非常罕见难得的心理成就。

——亚拉伯罕·马斯洛

你平时有哪些爱好？

对我们很多人来说，马斯洛的话让我们轻松了很多。原来，了解自我需求并非人人都能做到，这是一种不同寻常的能力。

认识到以下几点会让大家感到几许安慰：

- 关于工作的意义，世上没有唯一正确的定义；
- 生活中各个方面都能提供满足感，它和你的工作没有必然联系；
- 我们对工作的理解，以及对完成某个工作所需技能的理解，都会随着年龄改变；
- 人生是否幸福不是由工作决定的，除非你坚持这样选择。

关于对职业的理解程度，我们每个人都有自己的看法，这些看法并无对错之分，因为这个问题本身就没有标准答案。或许，作家莉儿·朗帝（Leil Lowndes）的做法更值得人们深思，她建议把老掉牙的对话开场白“你是做什么的？”变成更尊重自我价值定义的“你平时有哪些爱好？”[17]

- 工作在你的生活中发挥什么作用？
- 你的工作是为了谋生？发展？响应使命？自我实现？还是兼而有之？
- 工作在你目前的生活中处于什么地位？这个地位和你对工作意义的理解是否吻合？

小结：我们的收获

到这里，我们已经讨论了商业模式思维、财务可持续的基本观点以及为什么各种组织机构（包括营利、非营利和社会组织）必须遵守商业自足的经营理念。

我们了解了商业模式思维是如何帮助组织机构和个人进行资源重组，如何适应不断变化的社会、经济和技术发展趋势的。

然后，我们讲述了如何利用画布法描述你的个人商业模式。

这一章，我们分析了重要（且多重）的工作之外的生活角色、主要兴趣、可带来满足感的技能和活动、个性倾向、工作环境的“个性”和值得信任的人探讨自我认识的重要意义，以及工作的意义及其在个人生活中的地位。

接下来的内容

下面要解决的是商业模式（包括组织机构和个人商业模式）中最为基本的问题。

这是一个看似简单却很难回答的问题：你的目标是什么？

第5章

我的人生目标是什么

案例研究：

目标胜过技能

个人信息：

历史学家

阿德里安·海恩斯认为历史有鉴古知今的作用。他拥有中世纪史理学硕士学位，大部分时间的工作都是和各种博物馆打交道。五年前阿德里安搬到了阿姆斯特丹市郊，因为他在这里找到一份梦想中的工作——与众多博物馆馆长和图书馆馆长合作，帮助某历史图书出版商构思创作新的作品。可是，随着时间的发展，有两件事让他感到必须重新考虑这份职业了。

首先，出版商不愿采用数字出版物和社会化媒体，这件事让阿德里安感到非常郁闷。其次，他的妻子非常怀念城市里的生活，一心想回到市里发展。

后来，阿德里安遇到了一个机会，某大型国家图书馆正在招聘“数字化项目经理”，他觉得这个岗位和自己的专业背景和兴趣非常吻合。但阿德里安有一件事犹豫不决，认为自己缺少在大型组织机构担任管理职务所需的技能。为此，他找到论坛成员马克·纽文豪生（Mark Nieuwenhuizen）寻求咨询，帮助自己重新构思个人商业模式。

马克首先注意到的是，阿德里安对细节过于关注，特别是在是否具备专业管理技能这一点上太较真。他建议阿德里安换一种思路，试着把关注点放到个人目标和价值服务方面。

经过一番思考，阿德里安意识到自己的价值服务和热衷的目标是“在堆满灰尘的博物馆和图书馆里拯救历史，以新的方式展现历史，让每个人都能享受了解历史的乐趣”。这个观点不但帮助他意识到为什么会在现在的工作中受挫，而且明确了自己对历史保存问题的看法，即除了图书和实物形式之外，还应当充分利用数字媒体手段重现历史。

当阿德里安准备申请新职位时，马克提醒他不要在个人技能方面过多纠缠，而是应当多谈谈自己的个人目标非常符合图书馆的要求。利用商业模式画布，阿德里安意识到新定位的个人目标为自己打开了几条潜在的发展道路。例如，阿德里安有很多博物馆客户，利用这个网络他可以找到在中型博物馆当总经理或是在大型博物馆做馆长的工作。

就在本书即将出版时，阿德里安已经准备参加新职位的面试了。无论选择哪条发展道路，现在他都意识到个人目标远远胜过个人技能：

“在重新设计职业方向时，分析价值服务和个人目标带来的职业机会要比单纯考虑技能带来的机会大得多。”

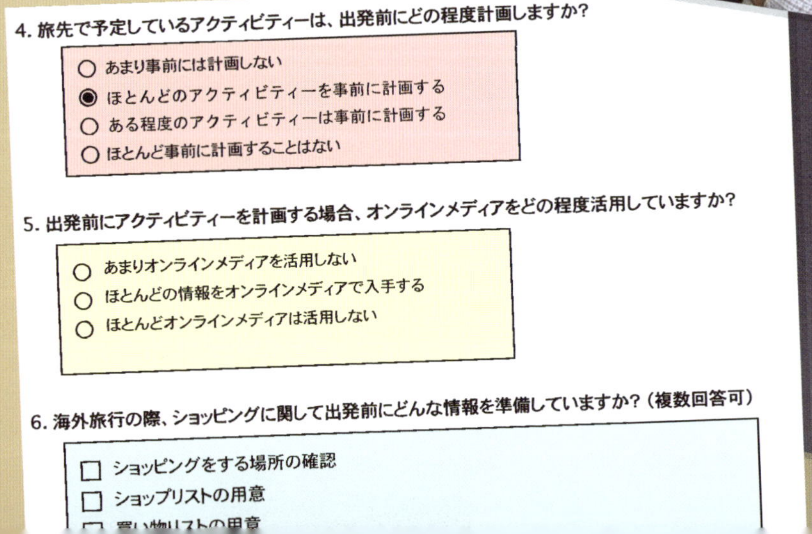

4. 旅先で予定しているアクティビティーは、出発前にどの程度計画しますか?

- ○ あまり事前には計画しない
- ◉ ほとんどのアクティビティーを事前に計画する
- ○ ある程度のアクティビティーは事前に計画する
- ○ ほとんど事前に計画することはない

5. 出発前にアクティビティーを計画する場合、オンラインメディアをどの程度活用していますか?

- ○ あまりオンラインメディアを活用しない
- ○ ほとんどの情報をオンラインメディアで入手する
- ○ ほとんどオンラインメディアは活用しない

6. 海外旅行の際、ショッピングに関して出発前にどんな情報を準備していますか?（複数回答可）

- □ ショッピングをする場所の確認
- □ ショップリストの用意

案例研究：

关于企业精神

个人信息：

企业家

姓名 卡尔·詹姆斯

我成立的公司从事的是市场调研工作，为准备进入亚洲市场特别是日本市场的客户提供咨询服务。经过六年的辛勤经营，公司逐渐壮大，这时有企业愿意出资数百万美元收购我的公司。这对我来说是个全新的概念，当初开办公司时我压根儿没想过还有人会卖掉自己的公司。

最后我卖掉了公司，付清了三笔抵押贷款，为孩子留够了大学学费，全家人一起度了一个长假，然后把剩下的钱用于投资，从此靠投资带来的回报度日。尽管生活无忧，可是和很多人一样，我开始思考一个重大的问题：我的余生该做些什么？

从某种程度上来说，由于我已经不再为生计发愁，寻找这个问题的答案对我来说反而变得更加迫切了。在此过程中我清晰地意识到，工作的意义绝不仅仅限于实现财务独立那么简单。

我觉得大多数成功的企业家都会有相同的感受。我和不少出售过公司的企业家谈论过，他们卖掉的公司有几十个之多，售价从 100 万到 4 000 万美元不等。在他们当中，没有一个人认为“实现财务独立”是他们工作的主要动力。

寻求财富的人很少能够继续维持艰苦创业阶段的巨大热情。成功的企业精确关注的是为客户提供的价值服务。换句话说，企业精神的核心并不在于你我，而在于能否有效地为他人服务。

明确你的人生目标

我们在第2章提到过一个比喻，商业模式如同建筑蓝图，它对商业活动的引导作用就像后者对建筑施工的指导。下面，我们要把这个对比范围加以扩展。

为了设计建筑蓝图，建筑师必须理解该建筑的修建目的。

比方说，如果该建筑的使用者是医生或牙医，这栋建筑必须设计有候诊区、检查室、水槽和盥洗室，以及X光机等笨重的墙挂式设备。

同样，成立一家组织机构或企业时对目标的关注也至关重要。组织机构的目标可以引导其商业模式的设计。从这个意义上讲，目标是一项关键的“画布外”要素。同时，目标也是一项重要的设计约束。毕竟，任何组织机构或建筑都不可能被设计成适合所有人的完美形态。

这一点对个人商业模式来说其意义同样重要。修改或重设个人商业模式首先需要明确的就是其根本目标。我们可以把目标视为“最高方针”，其作用是自上而下地对个人商业模式加以引导。因此，你必须首先确定自己的人生目标。

“如果工作无法和人生目标保持一致，你遇到的问题就会反复出现。”

——布鲁斯·黑曾（Bruce Hazen）

与此相反，在启动职业选择时，如果工作和人生目标保持一致，你的满足感便会迅速飙升。

进入正题

在前面的案例中，卡尔•詹姆斯意识到企业精神的核心是为他人服务。同样，我们认为人生最重要的目标也是帮助他人。成功的企业家很清楚，即使你的目标是积累大量财富，也必须通过销售产品服务等帮助他人的方式来实现成功。

但是，我们该怎样确定或塑造自己的最高目标呢？下面三个实验可以帮助你回答这个关键问题。

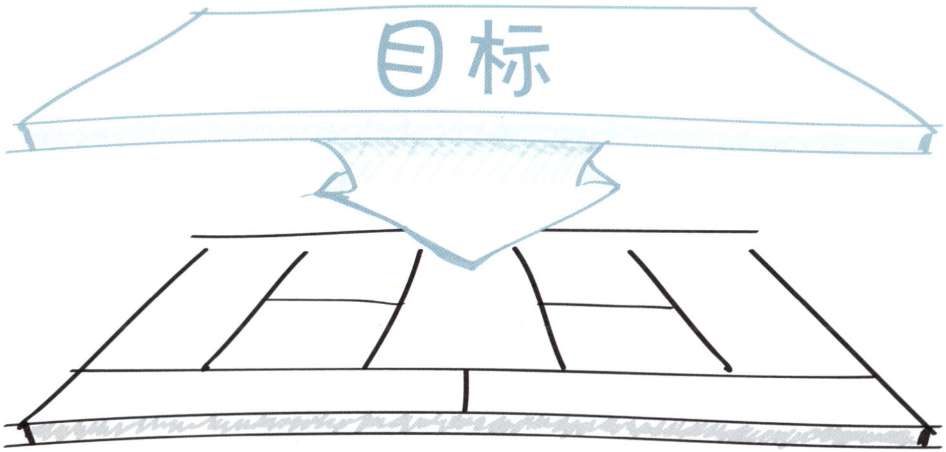
目标

我的封面故事

这个练习的设计者是戴维·西贝特（David Sibbet）[18]，它能激发我们的想象力，帮助练习者在个人目标和主要兴趣之间建立关联。

想象一下两年后的今天，一家知名媒体刚刚刊登了一篇关于你的重要报道，封面上不但有你的照片，而且还引用了你说过的话语。哇，这可太让人兴奋了！

1. 这是哪家媒体？选择一份你喜欢的杂志、报纸或电视节目。

2. 这篇报道讲的什么内容？为什么有你的特写报道？

3. 写下媒体在访谈中引用你的话语。你可以做出引用内容、补充报道、杂志照片或图表，把它们拼成一幅媒体快照。

多人练习效果更好，大家可以互相分享讨论自己的“封面故事”。

个人信息：

教师

姓名 梅甘·莱西

练习：

我的封面故事

1. 今天我接受了国家公共广播台《新人秀》节目主持人特里的采访，讲述我在本地高中组织课外跑步活动的故事。推出这项活动的目的，是为了提高学生的出勤率，激发他们的上学动力。

2. 一开始，我只是在操场上遇到过几个学生，他们每天课后都来跑步，我就帮助他们进行赛跑训练。随着时间的发展，来参加训练的学生越来越多，于是我就增加了训练项目。后来，很多学生开始为赛跑活动义务服务，社区成员为我们的活动提供交通和协助培训服务。最后，我和学校合作，把跑步活动变成了学生们的一项核心课程。

很快，学生们的出勤率和学习动力都得到了提高。让我没想到的是，这项活动也提高了学生们在全国统考中的成绩以及学校的毕业率。后来，其他几个区也开始效仿我们，推出了这项课程。

3. 全国公共电台：一开始你只有几个学生，后来是怎样吸引更多人参加这个活动的呢？

我承诺为每一个不缺勤的孩子支付赛跑入场费。孩子们都这样，一听说你肯掏钱就愿意听你的。

“学生想看到的是学校能提出看得见摸得着的计划，这要比什么考大学找工作等远大目标实际得多。”

“这个活动的好处是，学生们不再四处惹麻烦，锻炼出健康的身体，把精力投入到了社区和课程上来。”

三个问题

这个练习适合和你的朋友几个人一起做。练习者写下自己的想法，然后和其他人共享并讨论。

1. 回想一下你曾经感到过满足的情形（参考85页的生命线练习以帮助回忆），当时你做了些什么？你为什么感觉非常良好？尽可能准确地描述你当时经历的情况。

2. 举出一两个你的人生偶像。你最佩服谁？为什么？用几个词描绘一下这个人。例如，我们的一位论坛成员说纳尔逊·曼德拉是她的偶像。在做这个练习时，她对偶像的描述是“善良、面对逆境时坚持不懈、名誉和地位”，这些词暗示出她对自我和他人最看重的品质。

3. 你希望朋友们怎样缅怀你？假设你已经不在人世，你希望别人用怎样的表达纪念你？

个人信息：

技术培训师

姓名 RENATO NOBRE

129

练习：

三个问题

问题 1：

我觉得在软件公司工作的时候最有满足感，特别是给同事做培训的时候。我不但能把自己的知识教给他们，同时也能从他们的经验中获益。我们都为对方的生活带来了影响。

问题 2：

我的偶像是泽尔达·阿恩斯（Zilda Arns），她是一位巴西儿科医生，2010 年死于海地地震。泽尔达一生致力于降低婴儿死亡率、营养不良和家庭暴力，以慈爱善良和关注民生闻名于世。

问题 3：

我希望在人们的心目中留下这样的印象——这是一个幽默、专注、诚实和充满激情的人，他热爱家庭，是一个性情中人，勇于改变自己的工作生活以寻找生命中新的意义。

我的新生活

有一天，你突然收到一份快递，里面是一大摞法律文件。原来，你那富有而古怪的拉尔夫叔叔刚刚去世，给你留下了1 800万美元的资产。但是，想要拿到这笔钱可不容易，你必须首先满足两个条件。

按照拉尔夫的遗嘱规定，你必须辞去现在的工作完成一项为期两年的任务。在这两年当中，你每个月只能拿到维持温饱的费用外加完成任务必需的资金，如旅费或学费等。在第一年结束时你可以一次性得到900万美元回报，第二年任务完成时另外900万美元会以信托资金的形式支付给你。

1. 第一年，第一项任务

你应当利用这一年学习新东西。你不可以到大学院校学习，也不能参加任何正式教育，只能利用你的时间和精力专注于掌握一项新知识。你会怎么做？你该怎样发展自己？

2. 第二年，第二项任务

找到一个可以支持的目标。你有一年的时间去调查、参与和选择一个关注的目标或项目，一个有助于改善民生的目标或项目（如改善社区、城市、国家、世界、自然环境等）。第二年结束时，你必须为所选的目标或项目捐献出信托基金中的900万美元。你会选择什么目标？

—尾声——

你的生活方式形成于第三年

完成这两项任务之后你希望实现怎样的生活方式？你还有900万美元，你希望在哪里生活？和谁一起生活？怎样打发自己的时间？准备从事什么活动？期望实现什么理想？

个人信息：

人生探索者

练习：

我的新生活

我想学习的新东西

我想学习拉玛大师（Swami Rama）去领悟生活的意义，他在《大师在喜马拉雅山》（*Living With the Himalayan Masters*）中曾这样写道："繁华于我如云烟，唯有灵性通涅槃。"我要做的具体工作包括：

- 学习葡萄牙语，在巴西做一次深入之旅；
- 学习如何完成并销售多年来一直筹划出版的图书创意；
- 学习如何成为多媒体叙事高手，掌握视频、网络博客设计、内容开发以及音乐录制等技能；
- 保持良好的身体状态，每周骑三天车、做瑜伽、练习舞蹈、养成健康的饮食习惯。

我选择的目标

我经常问自己："我怎样才能忽略自己的物质存在，回归到真正的灵性生活中去？"在寻找这个问题的答案时，我发现了克里希那穆提（Jiddu Krishnamurti）的思想。克里希那穆提是一位印度哲学家和教育家，深受东西方知性传统的影响。我认为他对人类关系以及社会变化的观点应当受到更广泛的关注。因此，我准备支持参与克里希那穆提基金会的工作，帮助宣传他的思想。

我的余生

三年之后，我会住在里约热内卢圣特雷沙区的一栋小房屋里。那时我的葡萄牙语已经很熟练，我可以帮助巴西企业出口产品到美国。我会利用语言和数字化媒体技能和当地公司建立商业合作关系，其他的时间用来做义工，帮助贫困人群掌握必要的资源和技能，改善他们的生活条件。

姓名 汉克·拜因顿

目标声明

至此，我们已经为确定职业目标提供了很好的一手资料。下面要制定的是：

假设你已经取得了财务独立（如之前的练习所示），而且准备好了按自己选择的方式生活，你可以按下面三个方框的提示写下你对新生活的一些思考：

活动

说明你最喜欢从事的 3 ～ 4 项活动。

伙伴

说明你希望和哪些人或哪些群体一起打发时间。

支持

你会怎样帮助他人？用 3 ～ 4 个动词具体说明你是怎样帮助他人的。

以下述句式（虽然不太符合语法）为模板制定你的目标声明：

“我要通过**这些活动帮助他人**。”

然后，按照前页方框中所写的动词和名词填写下列表格，最喜欢的动词和名词写在最前面。

我要	帮助（动词）	他人（名词）	通过做……（动词）

瞧，就这么简单！你已经完成了几个句子（可能你没有意识到），说明了自己内心真实的人生目标。当然，这只是一个目标声明初稿，你可以再调整一下句子，润色一下用词，但毋庸置疑的是你已经掌握了这个概念。

下面是本书某论坛成员为自己制定的目标声明：

我要	帮助（动词）	他人（名词）	通过做……（动词）
	改善	四处奔波的专业人士	制造
	支持	近期目标	参与
	理解	年轻的创意工作者	培养
	回忆	我的家庭	分享

为了让目标声明从职业角度来看更合理，这位成员把“他人”栏目中的第一选择“合作伙伴”删除了。尽管她的语句读起来有些别扭，但其中表达的信息却是明白无误的。后来，她又把这个声明改成了白话版：

我要通过改善和支持的方式帮助四处奔波的专业人士和年轻的创意工作者改变生活。

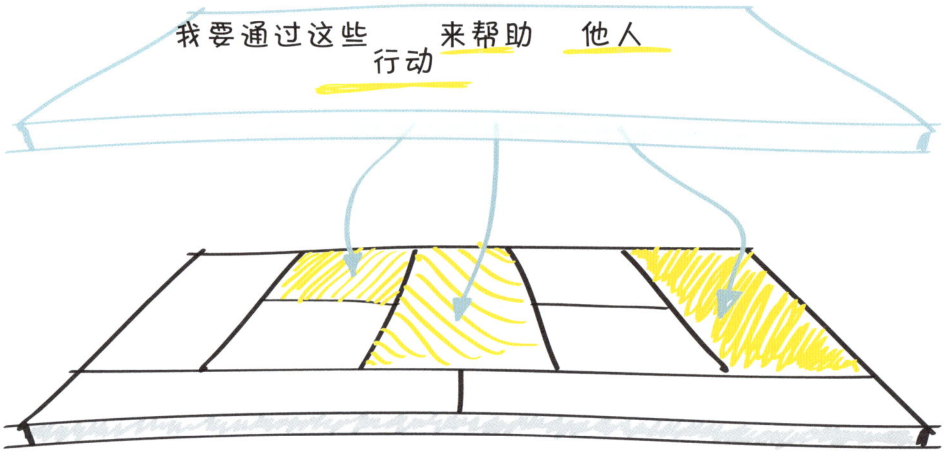
我要通过这些行动来帮助他人

实践你的目标

各位读者可能已经注意到了目标声明和个人商业模式画布之间存在以下相似之处：

“支持”部分即价值服务
“伙伴”部分即客户群体（和同事）
“活动”部分即关键业务

可以说，目标声明是重新定义个人商业模式的一个重要步骤，其前提即为基于关键业务为客户群体提供价值服务。

"对那些尚未理解伟大目标的人来说，他们应当把工作视为个人职责的完美呈现，无论他们的工作看上去多么微不足道。只有这样他们才能收获和关注思想，才能激发决心和活力；做到了这一点，他们便会在工作中无往而不利。"

——詹姆斯·艾伦（James Allen），
《结果的法则》（*As a Man Thinketh*）

无法定义人生目标怎么办？

如果你无法确定自己的目标时该怎么办呢？首先你要明白这样一点，这种情况并不少见。

根据某作家的调查，世上只有3%的人有勇气寻找和追求自己的梦想。[19]

其次，通过关注自己当下的工作，你依然可以实现成功，获得满足感。

目标声明的内容是不断变化的

本书很多合作编写者发现，目标声明练习中的结果每过几个月就会发生改变。

这一点说明，人们的目标总是随着时间而变化的，而且变化的原因多种多样。其中，不同的生命阶段是一个很重要的原因。例如，20岁时人们关心的事情（如成家立业）和55岁时关心的事情（如孩子长大、延续家庭传统）完全不一样。生活中的重大事件（如结婚、离婚、生子、死亡、换工作、生大病）也是导致个人目标出现变化的重要原因。最后，尽管我们的兴趣和技能会随着时间发展保持相对的稳定，但它们的表现形式可能会出现变化。

对此，本书合作编写者郭瑞承（Laurence Kuek Swee Seng）的评价是“目标声明是一项永远需要修订的工作”。他建议把个人工作目标声明记录下来，然后随着人生阶段和事业前景的变化定期对目标声明进行修改。

目标和目的之别

我们很多人都有生活目的，包括短期、中期和长期目的。可是，有多少人有明确的生活目标呢？

目的和目标截然不同。企业家松本大（Oki Matsumoto）在说明其区别时，曾建议组织机构“朝北极星而不是北极前进。”[20]

松本的观点是，北极星代表着组织机构的愿景，它是一种可持久性整合团队表现的指导力量。相比之下，北极代表的是发展道路上必须实现或经过的路标，这个路标一旦经过之后就会被新的目的地取代。

斯蒂芬•夏皮罗（Stephen Shapiro）在其作品《无为之道，如何过上自己的生活》（*Goal-Free Living*）中对个人目标也应用了相似的思维方式。在书中，他鼓励读者“丢掉地图，拿起罗盘”，要“有目的地漫游”。换句话说，他的观点是保持敏锐的方向感但不要执著于某个具体的目的地。你要做的是在前进的道路上不断搜集新信息，根据这些信息判断自己的方向是否正确。

《商业模式新生代（个人篇）》协作者目标声明摘选

我希望可以帮助各专业人士、企业家以及学生追求合资企业与各项目，通过明确、优化及强化他们实现目标的努力，成为他们的顾问、教练或合作者。

郭瑞承

郭瑞承
马来西亚

Me gustaría ayudar a profesionales cualificados con problemas de empleabilidad, con pocos conocimientos empresariales y habilidades de gestión, a repensar su futura vida profesional y reiniciar su carrera.

FERNANDO SÁENZ-MARRERO

费尔南多·桑切斯马里奥
西班牙

To open dialogue to expand a person's capacity to love and be lovable.

Kat

凯特·史密斯
美国

I will help the {UNDERVALUED + UNDERPRIVELEGED} become EMPOWERED to improve {THEIR OWN + OTHERS'} lives through mentoring, collaborating and birthing innovative impact-ful solutions.

-E

伊曼纽尔 A. 西蒙
美国

I'D LIKE TO SUSTAIN COMPANIES AND ORGANIZATIONS THROUGH THE INNOVATION OF BUSINESS PROCESSES.

-MICHAEL ESTABROOK

迈克尔·埃斯塔布鲁克

美国

My purpose is to evolve the female entrepreneur so that she may turn her intellectual capital into multi-generational wealth.

Kadena Tate

卡登·泰特

美国

Ik help ondernemers, investeerders businesscoaches en consultants bij het ontwikkelen van succesvolle bedrijven door complementaire ambities, netwerk en ervaring te verbinden èn te faciliteren

Marieke Post, "Ambition Angel"

马利克·波斯特

荷兰

Me levanto todos los días, para revolucionar el mundo a través del diseño de experiencias extraordinarias e innovadoras que cambien para bien la vida de las personas. Para lograr esto es vital enseñar a la gente que la felicidad precede al éxito. Al final es acerca de hacer felices a otros.

阿尔弗雷德·奥苏里奥·亚森祖

智利

决定性测验

你能主动自信地和他人分享你的目标声明吗？如果你缺乏自信或是感到不好意思，那就必须再接再厉。

当你足够自信时（至少目前如此），就可以进入修订阶段了，利用你刚刚设计好的目标声明重新设计你的个人商业模式。

修订

利用画布和个人分析调整或重建你的工作生活

第 6 章

准备好调整自己

加州山景城

在谷歌公司的培训室里，一群员工正双手高举过头左右来回摇摆，大伙儿笑成一团。培训师要他们用这种方式表达是否遇到过幻灯片里出现的下列内心独白：

"你思索人生，思索未来，突然'难道这就是我的人生吗'这个问题在脑海中蹦了出来，让你感到很不舒服。"

□是 □否

"你总是在遇到问题时或是在问题解决之后把人生设计成一条直线，比如说当完成某个大项目时，当母亲做完手术出院时，当孩子的问题解决时，当失业的配偶找到工作时。"

□是 □否

“你喜欢按照事情对你造成的影响评估生活。比如说，老婆找了个好工作，你开始琢磨这件事会对你们之间的关系产生什么影响；上司刚被炒鱿鱼，你开始琢磨自己能否得到那个职位或是能否和新上司合得来。”

□是 □否

斯瑞库马・拉奥（Srikumar Rao）是一位和善的演讲师，脸上总是带着令人感动的微笑。他向大家阐述的观点是，我们每个人都生活在永恒的内心对话的洪流中，这种对话会强化我们认识世界运行方式的心理模式。面对学员们耸肩、斜视或茫然搔首的表情，拉奥狡黠地点点头继续道：“其实，你们每个人都生活在梦想的世界中。”

这番话引起了下面的交头接耳。

“你们的整个人生，甚至包括你们正在体验的现实，都是一系列故事，是你们曾经告诉过自己而且一直对自己重复的故事。”

听到这些，几位学员似乎突然接到了重要短信，匆匆离开了培训室，但大部分人还在。40 分钟的培训结束后，等大家离开座位时，其中很多人对生活的观点已经发生了翻天覆地的改变。[21]

改变你的观点

拉奥认为“人们应当学习如何在安静的生活中做出轰轰烈烈的奋斗”，他坦言这些理念并非自己首创。他在演讲中提出的观点，全部来自于1 000多年前讨论人生基本原理的精神和哲学传统。

或许正是这一点说明了拉奥的观点为何会在谷歌员工当中引起强烈的共鸣，他的话实际上是智慧力量和技术力量的体现。即使在光速化的数字时代，似乎人类如何工作和生活这个终极问题仍取决于亘古不变的人性元素。

同样，在准备修改个人商业模式时，我们必须解决的也是这些人性元素问题。我们每个人都希望摆脱令人抓狂的内心对话，有谁不想重新设计自己的人生呢？

下面我们来看一个改编版的著名思考实验，这个实验是由20世纪初的英国思想家伯特兰·罗素（Bertrand Russell）首创的。

假设有20个人正在同时看一把椅子（如图A），每个人眼中看到的椅子形象都不相同。

有些人看到形象是图B，有些人看到的形象是图C，个子高的人看到形象可能是图D。

换句话说，同一把椅子可能展现出20种不同的视角。

所有这些视角都准确无误吗？当然。

如果这些视角都准确无误，那哪一个才是真正的椅子呢？呃……

正确答案是：哪一个也不是！所有这些视角只不过是椅子的再现而非椅子本身。尽管椅子本身是一个独立事实，但人们感受它的方式却惊人地不同。

实际上，我们对椅子的感知，其意义远远大于椅子这个实体本身的意义。

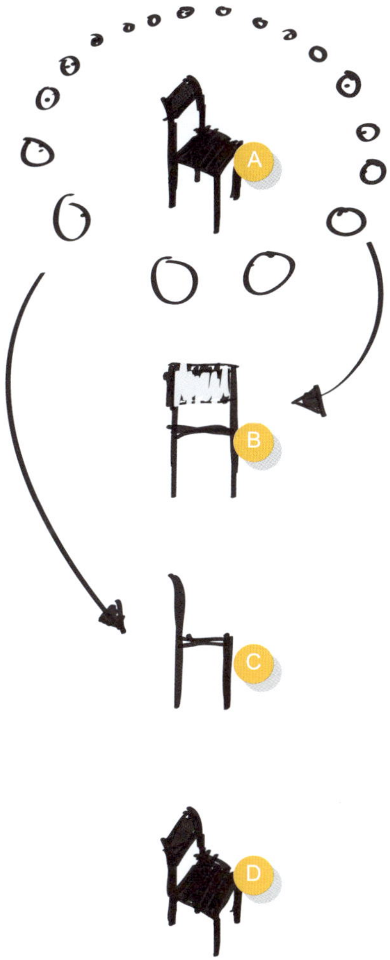

因此，对椅子有意义的体验是基于纯粹的再现（即我们的视角）——而非椅子本身——产生的。

根据这个实验，罗素得出的结论是：我们永远无法全面观察或完全认知椅子这个事物的物理实体，哪怕我们知道这个实体确实存在。我们的观察视角总是限制着我们的认知能力。

但是……

如果你站在围绕椅子做观察的人身后慢慢移动，从每个人的角度都对椅子稍做观察，这样就能获得不同的视角。

也就是说，20个人对同一把椅子会有20种不同的观察，你只需改变视角就能掌握所有的观察结果。

简而言之，重构事实的力量就掌握在你自己手中。

当人类思考时

这就是我们要强调的重点：重构事实可以改变现实。

关于你的职业、感情生活和家人朋友，你所感知到的一切不一定是事实，它们只不过是你对事实状况的一种认知。正如那20个观察椅子中的某人一样，你的认知只代表事实的一种可能性，并非整个事实。

但是，当我们认为自己感知到的现象是事实时，问题便会出现了。（我们的感知往往通过内心对话得到强化，如“我的事业不行了”、“老板讨厌我”、“同事总是排挤我”等。）

实际上，从很大程度上来说，我们感知的世界其实并不真实。对此，拉奥认为：

“这些感受是我们虚构的，根据各种零碎细节搭建而成。我们按照自己的思维模式虚构出整个情节，然后便对它俯首帖耳，唯命是从。当这一切都成形之后，我们会心安理得地认为我们的生活本来就是这个样子，丝毫意识不到这种思维模式本身就是错误的，它是根据我们对事实的理解而非事实本身建立起来的。”[22]

超越你的思维模式

在准备重建个人商业模式时，学习摆脱强加给自我的思维约束是一项很有帮助的练习。下面的练习你可能并不陌生，它们能帮助练习者反省那些已经成型的思维模式，即想当然认为是事实的情形。

取一张白纸，在上面按正方形排列画出九个点，如右图所示：

1. 连接这九个点；
2. 最多只能画四条直线；
3. 所有直线必须一笔画完；
4. 直线可以以任何角度呈现；
5. 完成后，每个点都要有一条直线连接。

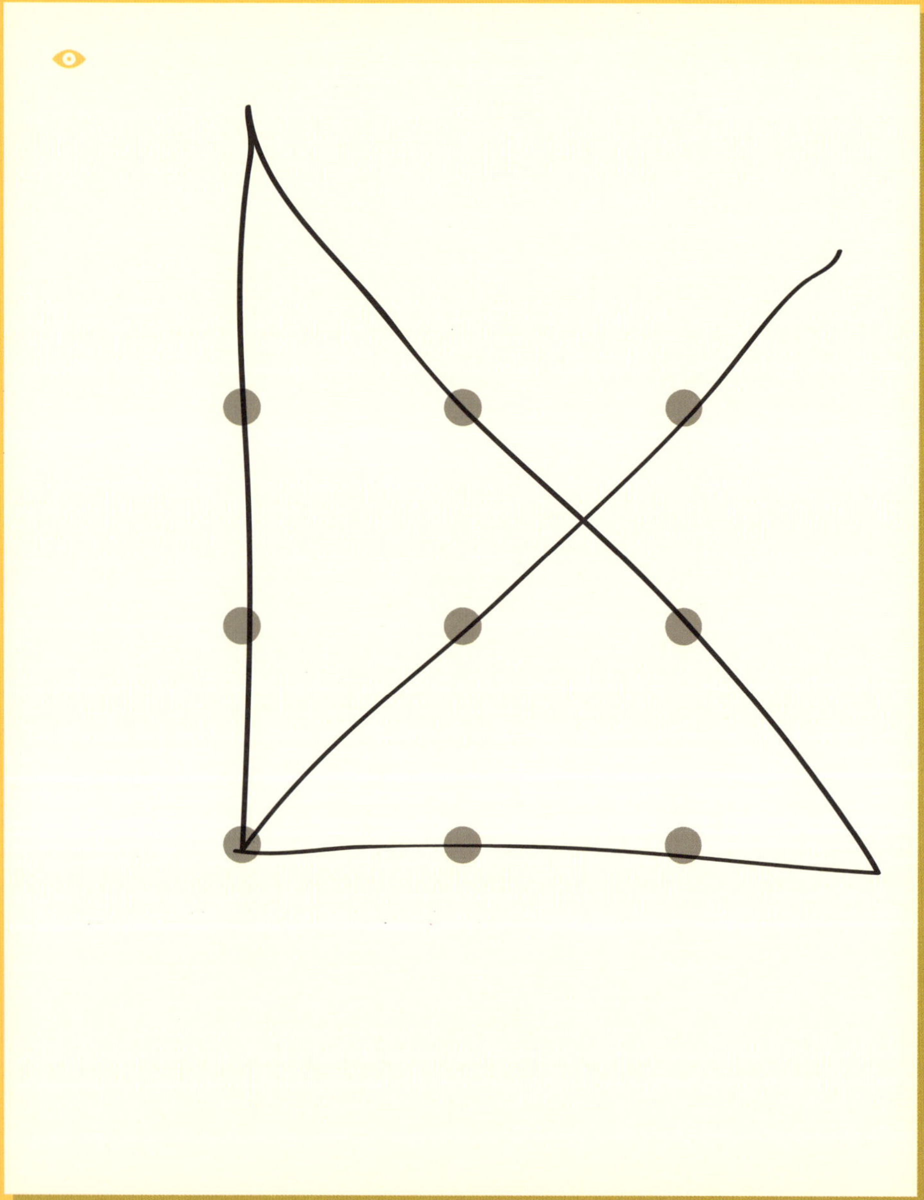

这个练习的答案必须跳出正方形范围才能找到。

显然，在大多数人心目中这个问题都存在一个既定的思维模式，即只能在九个圆点限定的框架内寻找答案。毫无疑问，按照这个思路去分析，这个问题根本无法找到答案。对此，作者本杰明·桑德斯（Benjamin Zanders）和罗莎蒙德·桑德斯（Rosamund Zanders）在其作品《可能性的艺术》中称，这些“思维框架”全都是我们自己虚构的：

“我们的大脑虚构的框架解释并限制着我们认为存在的可能性。我们发现自己在生活中遇到的每一个问题、每一个困境和每一个死胡同，其实只是在某个特定的框架或角度下无法解决。只要我们打破这个框架或是换一个角度去思考问题，这些难题便会消失，取而代之的是新的机遇。”[23]

下面我们再来看一道扭曲现实的难题。

在右侧图中，如果只允许添加一笔，怎样才能使等式成立？

看起来，最简单的答案是在等号上画上一笔，变成“≠”。实际上，这个问题有另一个答案，你能想到吗？

$$5 + 5 + 5 = 550$$

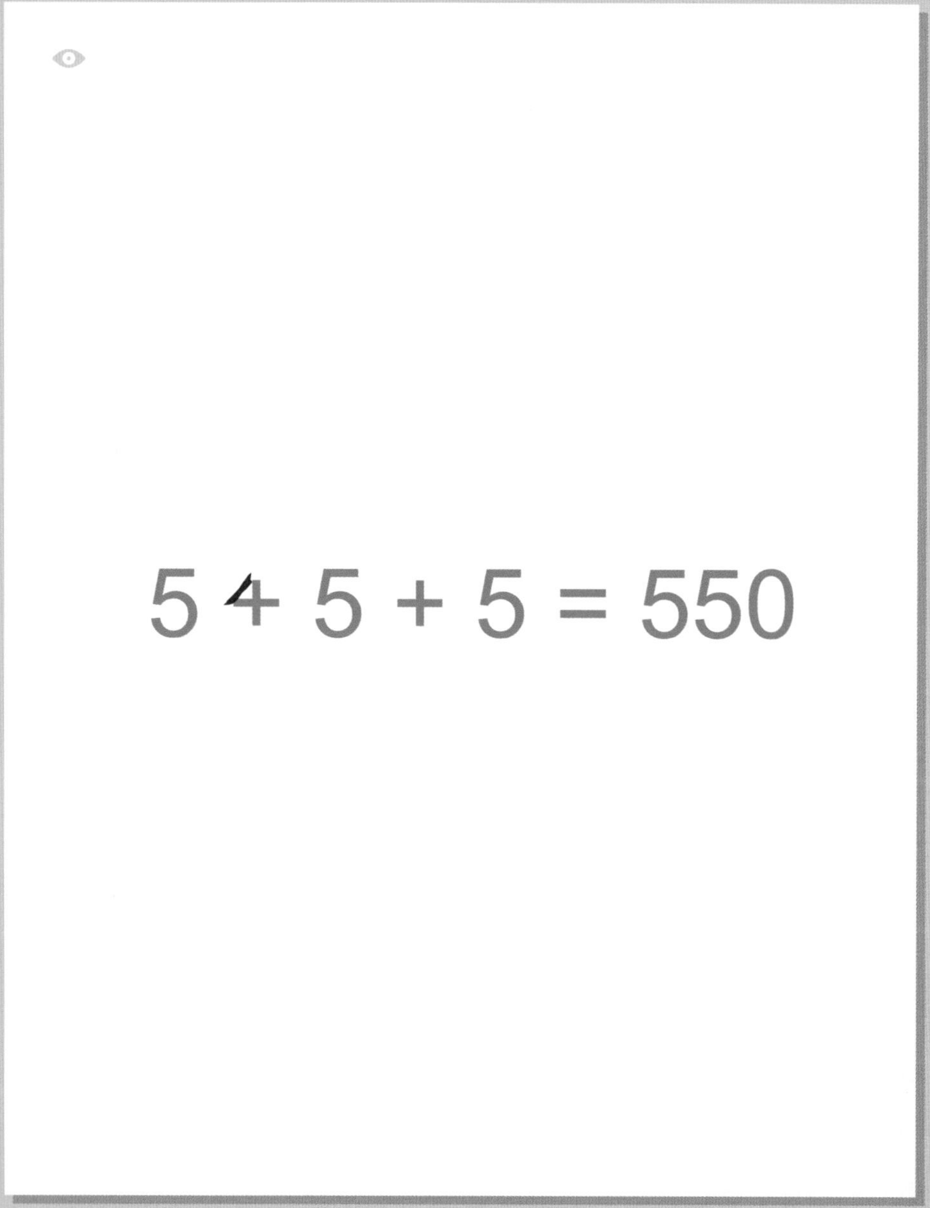

诚然，虚构事实这个概念很容易被人拒绝，被认为是自我安慰的胡言乱语。但实际上，这个观点对我们至关重要。无论客观上是否真实，它都能帮助我们有效地解决问题，这才是最关键的。[24]

对于那些无法令人满意的思维方式（即个人对现实的感知），拉奥建议采用另一种练习方式加以改善。

编辑的苦恼

准备纸和笔，给自己十分钟时间安静反思。

想想你遇到过的一件烦心事，把它写在纸上。

我们来看看论坛成员安伯·刘易斯（Amber Lewis）是怎样描述她的问题，然后又如何构思新现实的。

“我手下的作者都不尊重我，他们返回的稿件总是出现同样的问题。实际上，我已经再三通过邮件说明如何避免此类问题以及这样做的重要性，但他们就是不听。我想，或许是因为对于编辑这个职位来说他们觉得我太年轻，又或者是因为我本来就不是当领导的料。”

在内心对话的反复强化下，安伯尔逐渐对这个问题形成了自己认为的现实：作者稿件中不断出现同类问题。而且，她感觉到随着时间的发展这个问题正变得越来越令人痛苦。

面对这种情况，她现在要做的是“构思”一个新现实，一个既能说明当前状况又能有效解决问题的现实。

为此，安伯尔重新构思的现实是：

“有些作者是新人，还不熟悉公司的规定，可能需要一些时间适应我们的写作风格和写作量。另外，我和作者都是通过邮件沟通的，这样很容易使对方产生误解。”

在重新构思现实时，拉奥强调要做到以下两点：

1. 新的现实必须比当前感受的现实情况更好；

2. 新的现实必须易于接受。

一旦在大脑中建立了新的、可接受的、更好的现实，你应当抛弃原有的令人苦恼的看法，转而生活在全新的思维模式中，仿佛它就是真实状态一般。

拉奥称，在接受新现实时，你必须立刻承认并思考新现实的每个细微之处，坚定地摒弃那些违反新现实的现象，拥抱那些支持新现实的证据。这种感觉可能有些像演戏，没错，事实的确如此！随着你逐渐入戏，最终你会发现这出戏就是真实人生，你就是其中的主角。

为帮助自己适应新构思的现实，安伯尔决定和作者们进行一次当面交流，向他们介绍公司的写作规定，回答他们的问题，解释邮件中无法说清的内容。结果，事实证明这件事和安伯尔原来苦恼的问题并不沾边儿，反而更接近她后来重新构思的情形。

构思更美好的现实

你可以把个人商业模式画布作为一个建模工具，帮助自己按照更有利的方向重新构思现实。需要牢记的是，重新定义个人商业模式是一项充满混乱的工作。一方面，和组织机构相比，个人具有更多工作之外的选择，没有几个人拥有明确的目标。与此相反，虽然组织机构拥有的大多是工作相关的选择以及明确的目标，但它们一直都在努力进行商业模式创新。

……面对的挑战在于，商业模式创新是凌乱和难以预测的，尽管它努力按照程序来实施。商业模式创新需要具备应对模糊性和不确定性的能力，直到形成良好的解决方案……参与者必须愿意投入大量时间和精力探索各种可能性，不应急于采用某种解决方式。[25]

第7章

重新设计个人版商业模式

162

案例研究：

变劣势为优势

个人信息：

绿色行动先锋

尽管政见不受人待见，但美国前副总统艾尔·戈尔在重建个人目标、观点和个性方面无疑是一位杰出的楷模，他成功地重建了自己的个人商业模式。

高尔是从2000年总统大选之后重振雄风的。当时他以超过对手50多万选票的成绩赢得普选，但由于在佛罗里达州因为选票统计出现法律争议问题，戈尔被最高法院裁定败诉，因此在总统选举中输给了乔治·布什。出于对公共事务的失望，戈尔曾哀叹："对诡计和控制性传播策略的容忍……导致了今天的腐败政治。"[26] 自此，他决定成立"潮流电视台"来实现电视转播行业的民主化。潮流电视台是一家以用户生成内容为商业模式的电视台，2002年成立时在有线电视行业内掀起了一场革命。为了彰显对环境问题长期以来的关注，戈尔成立了一项投资基金，推动企业承诺实现经济和环境的可持续发展。

2006年戈尔推出了奥斯卡获奖纪录片《难以忽视的真相》(*An Inconvenient Truth*)，此举标志着他的个人商业模式转型达到巅峰，片中以幻灯片的形式介绍了戈尔对全球变暖问题的关注。作为一个政治家，戈尔近30年来一直在不遗余力地宣传人类行为对地球臭氧层的破坏，但最终是其个人商业模式的转变帮助他实现了梦想——这部纪录片吸引了全球范围的关注，使戈尔一跃成为媒体超级明星和环保事业先锋。

以下几点保证了戈尔的个人商业模式成功实现转型：

- 核心兴趣的改变：戈尔对环保事业的热情在从政时是一项弱势，但从商后变成了最大优势。
- 帮助更多客户：戈尔服务的客户扩展至美国之外的人民，扩展至政府部门之外的行业机构。
- 采用新的渠道：影片、DVD和出版物使戈尔提供的价值服务从一项服务变成可以惠及更多人的产品。

姓名

艾尔·戈尔

艾尔·戈尔的个人商业模式

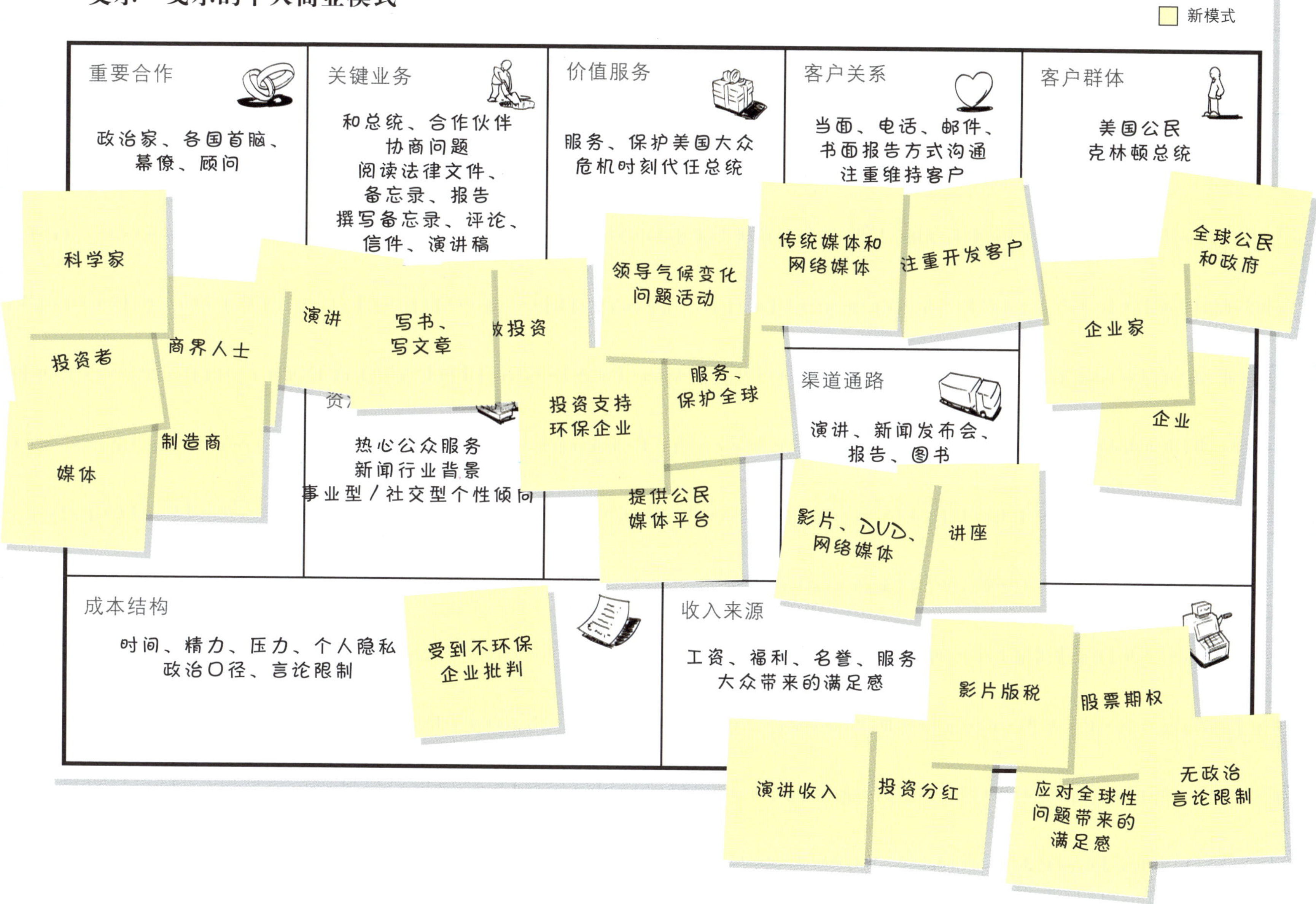

重设你的个人商业模式

下面我们要介绍一个五步操作法，它能帮助你把第 4 ～ 6 章总结的心得有效加以概括，指导你完成新的画布。

1. 按照对自己最新的了解设计个人商业模式

还记得第 3 章介绍的画布吗？现在你可以重新做一张了。因为明确了自己的目标，在新的画布中你可以更清楚地回答“我是谁”、“怎样帮助他人”以及“我能帮助谁”等问题了。

2. 指出你的软肋

你对自己的工作生活哪一点不满意？在画布中圈出感到不满意的模块。

比方说，如果你想挣更多的钱，在画布中圈出“收入来源”模块；如果你不喜欢销售但又不得不做，在画布中圈出“关键业务”模块以及其中的“销售”项目。

3. 询问诊断性问题

针对画布中圈出的模块，接下来你要按后面几页内容询问自己相关的问题。在这些问题中，有些可以帮你解决问题，有些能够预示潜在的机会。无论是哪种情况，你都可以通过“解决方案”部分寻找相应问题的应对措施。

个人商业模式画布

谁可以帮我
（重要合作）

我要做什么
（关键业务）

我是谁，我拥有什么
（核心资源）

我怎样帮助他人
（价值服务）

怎样和对方打交道
（客户关系）

怎样宣传自己和交付服务
（渠道通路）

我能帮助谁
（客户群体）

我要付出什么
（成本结构）

我能得到什么
（收入来源）

诊断问题

我是谁，我拥有什么（核心资源）

我要做什么（关键业务）

问题	解决方案
你对自己的工作是否感兴趣？	如果是，恭喜你！如果不是，问题可能是你的**核心资源**（我是谁）和**关键业务**（我要做什么）不匹配。此外，你的人生目标也值得反思。详读第 4 章和第 5 章。
你的某项重要技能是否应用不足或未能应用？	技能缺失或应用不足会导致压力或缺乏满足感等形式的**成本**出现。你能在**关键业务**中提升技能的应用水平，以支持或改善**价值服务**吗？阅读第 4 章和第 5 章，了解为什么会出现技能应用不足的问题。
你的个性倾向和工作环境是否吻合？（注意，“工作环境”在很大程度上取决于与你合作的人。）和你的工作业务是否吻合？	如果是，非常好！如果不是，可以考虑开发具备相似个性倾向的**新客户群体**（或**重要合作伙伴**）。客户群体和**价值服务**紧密相连，你也可以检查后面“**价值服务**”部分的诊断问题。阅读第 4 章，确保你的个性倾向和工作业务相吻合。

我能帮助谁（客户群体）

问题	解决方案
你是否喜欢自己的**客户**？	如果是，非常好！如果不是，想象一下“梦想”中的**客户**应当是什么样。在你现在服务的群体中能找到这样的客户吗？如果找不到，考虑修改你的商业模式。
你最重要的**客户**是谁？	说明这个**客户**为什么如此重要。它能为你带来硬收益？软收益？还是两者兼而有之？这个**客户**能证明你全新或独特的**价值服务**吗？
客户想要完成的真正工作是什么？**客户**使用你的服务是不是为了实现“更大的目标”？比方说，你的**客户**是否服务于另一个更大的、业务更复杂的**客户**？	你能重新构思、重新定位或修改自己的**价值服务**，以此帮助**客户**成功完成更大的目标吗？
你为**客户**提供服务的成本是不是很高？ 为**客户**提供服务是否让你苦不堪言？	你为**客户**提供服务是否**成本**（包括**软成本**）过高**收益**过低？你能承担失去此类**客户**的损失或继续为其服务的损失吗？参考**价值服务**、**成本结构**和**收入来源**等模块的诊断问题。
客户是否把你的**关键业务**等同于自己要完成的任务？你是否也这样看？	有时候**客户**自己也没有清晰定义的工作目标，你能帮助他们确定工作目标吗？你能重新定义或修改**关键业务**以提升**价值服务**吗？
你是否需要新**客户**？	如果是，考虑把**客户关系**从维持现有客户变更为开发新客户。你要做更多的销售工作还是营销工作？你需要改善或开发在这些领域的技能吗？你需要寻找能够帮助你开发新**客户**的**合作伙伴**吗？

我怎样帮助他人（价值服务）

问题	解决方案
客户最看重的是你的哪些服务优势？	向你的**客户**问这个问题，他们的回答会让你感到吃惊。参考第167页“**客户群体**”部分的诊断问题。
你提供的**价值服务**能否解决**客户**工作目标中最主要和最重要的问题？	你是否真正了解客户要完成的工作目标，还是自以为是地加以猜测？你能重新构思、重新定位或修改自己的**关键业务**，把目标集中到关注更重要的**价值服务**优势上吗？
你能通过不同的**渠道**提供**价值服务**吗？	你的**客户**是否喜欢当前的**渠道通路**？你能调整**价值服务**以适应其他交付**渠道**吗？你能把**价值服务**从服务变更为产品，从而创建可升级型商业模式吗？（参见第31页）
你喜欢向**客户**交付**价值服务**吗？	如果是，恭喜你！如果不是，参考“**核心资源**”部分，考虑全面修订你的商业模式。

怎样宣传自己和交付服务（渠道通路）

怎样和对方打交道（客户关系）

渠道通路问题	解决方案
客户通过哪些渠道了解你？ **他们**怎样评价你的产品或服务？ 你是否允许**他们**按照自己喜欢的方式购买产品服务？ 你是如何交付产品服务的？ 怎样确保售后客户满意度的？	你是否准确定义了“怎样帮助他人”部分以便更好地和客户进行沟通？你能用哪些新的方式宣传自我或鼓励评估（如社交媒体、网络呈现等）？你是否支持**客户**按照其喜欢的方式安排采购和交付？ 你能提供不同的购买选择吗？你能通过不同的媒体或新的渠道交付服务吗（如 DVD、播客、视频、当面交付）？**合作伙伴**能为你做宣传或产品服务交付吗？你有没有问过**客户**对你的产品或服务是否满意？
你是通过哪些**渠道**宣传自己和交付**价值服务**的？你需要直接向**客户**交付吗？	你的服务能否变成产品，从而实现同时向多个**客户**交付的目标？（这一点对于创建可升级式商业模式很重要，参考“**价值服务**”部分诊断问题。）

客户关系问题	解决方案
客户希望和你建立或维持怎样的合作关系？	你是按自己喜欢的方式还是**客户**喜欢的方式和对方沟通？考虑添加、删除某些沟通方式，或是对它们进行升序或降序处理。
你的**客户关系**的主要目标是维持型还是开发型？	如果你的主要目标是维持现有客户，你的**关键业务**中有没有衡量**客户**满意度的手段？（如果客户满意度低，参考“**价值服务**”部分诊断问题。）如果你的目标是开发新客户，你是否需要添加或强化与销售营销相关的关键业务？
建立或加入用户社区能否改善你和**客户**之间的沟通？你能否和**客户**共创某个产品或服务？	你的**客户**是否通过用户社区互相协助？还是你在某种程度上主动维持客户关系？（参考“**渠道通路**”部分）你可以考虑和**客户**一起修改或创建全新的**价值服务**。

谁可以帮我（重要合作）

问题	解决方案
你的**主要合作伙伴**是谁？	**合作伙伴**为你承担**关键业务**还是你们彼此为对方服务？你能通过深化**关键伙伴**关系或是形成战略关系的方式降低**成本**吗？你能通过**伙伴合作**的方式修改或创建全新的**价值服务**吗？
如果缺少**合作伙伴**，你是否考虑寻找一个？	你能通过**伙伴提供**而非内部解决的方式以低成本或高效率 / 高质量的形式获得重要的**核心资源**吗？你能把同事或他人转变 / 定位成**合作伙伴**吗？或者，你会淘汰现有的**合作伙伴**吗？

我能得到什么（收入来源） 我要付出什么（成本结构）

收入来源问题	解决方案
收入和收益是在成功**为客户提供价值服务**的基础上产生的。你的**收入**是否足够？	如果不是，你需要增加营销活动以**更换客户**或**开发新客户**。**客户**对**价值服务**的理解是否和你的定义一致？如果是，可以考虑提高价格或降低**成本**；如果不是，参考“**价值服务**”部分诊断问题。
你是否因为低估自己的**价值服务**而被迫接受较低的**收益**？	检查你（或者**客户**）是否把**关键业务**等同于**价值服务**，是否误解了要完成的工作。**客户**愿意付钱请你完成的真正业务是什么？参考“**客户群体**”和“**价值服务**”部分的诊断问题，看能否提升你的**价值服务**。
如果扣除**硬成本**或**软成本**，你得到的**收入**是否足够？	如果是，你能降低或修改为**客户**提供服务所需的**关键业务**吗？如果不是，考虑寻找新的**客户**或修订你的商业模式。
你是以自己喜欢的方式还是**客户**喜欢的方式实现**收益**的？	你能从员工模式变更到合约人模式，从顾问模式变更到订购模式，或是反向变更吗？你能把服务变成可以出售、出租、许可经营或订购的产品吗？你能接受以货代款的支付方式吗？你能和**客户**商讨接受对彼此都有利的**收益**吗？

成本结构问题	解决方案
按照当前模式经营，你会产生哪些主要**成本**？	你应当同时考虑**软成本**（如压力、失望感）和**硬成本**（如时间、精力、金钱）。你能通过修改**关键业务**或**合作**共享的方式减少或削除**成本**吗？**关键业务**的变动能否对**价值服务**不产生负面影响？你能通过投资**合作伙伴**或**核心资源**的方式显著提升所提供的**价值**吗？
按照当前模式，哪些**关键业务**会产生最大的软**成本**？	如果**关键业务**导致过高的软成本出现，这表明你的**核心资源**和**关键业务**不匹配，参考第 4 章内容。

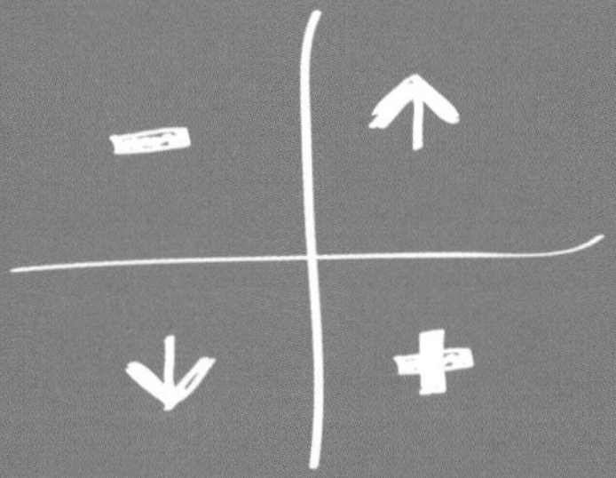

4. 修改模块并评估效果

根据你对上述诊断问题的回答，在右图相应模块中列出你要修改的内容。例如，如果你想少做些销售工作，在“我要做什么”一行的“下降”部分写上“销售”。

欲详细了解此方法，请参考金和莫博涅合著的作品《蓝海战略》（*Blue Ocean Strategy*）。

模块	增加 +	减少 –	上升 ^	下降 ˇ
我是谁，我拥有什么				
我要做什么				
我能帮助谁				
我怎样帮助他人				
怎样宣传自己和交付服务				
怎样和对方打交道				
谁可以帮我				
我能得到什么				
我要付出什么				

评估个人变化是一项有趣而又复杂的工作。由于商业模式各模块之间存在密切的相互联系，一个模块的变动必然导致其他模块的变化。对此，我们在第2章绘制个人商业模式画布时曾做过简单描述。下面我们要详细说明如何进行变动和效果跟踪。

各模块之间的相互作用

假设你在“收入来源”部分存在问题，总是感到入不敷出。想要增加收入，你可以①开发更多、更优质或不同的客户；或是②提供更出色、更特别或定价更高的价值服务。

假定你准备通过开发新客户的方式来增加收入，你可以回到前页的模块调整表，在“我能帮助谁”（客户群体）一行的“增加”部分描述你希望开发的新客户。

至此，至少你的商业模式表中新增加了一个客户。当然，我们不能指望新客户自动出现，增加一个客户通常需要付出额外的销售或营销工作。因此，你还必须在“我要做什么”（关键业务）一行的**“增加”**或**“上升”**部分写上销售营销活动。

模块	增加 +	减少 −	上升 ^	下降 ˇ
我是谁，我拥有什么	提高销售和营销技能			
我要做什么			销售或营销活动	
我能帮助谁	开发新客户			
我怎样帮助他人				
怎样宣传自己和……				
怎样和对方打交道				
谁可以帮我				
我能得到什么				
我要付出什么				

可是，“关键业务”部分的变动也会带来其他模块的调整。比方说，如果你缺乏销售技能，肯定希望接受销售培训或学习营销课程。因此，你应当在下表“我是谁，我拥有什么”（核心资源）一行添加相应的内容。

你打算向熟悉销售业务的同事学习，通过这种方式来提高销售能力，如果是这样，你应当在“谁可以帮我”（重要合作）部分添加相应内容。

关于修订个人商业模式，其诀窍在于：每当你改变其中某个模块的内容时，都必须确定它对其他模块的影响，在此基础上对各相关模块做出相应的修改。

下面，我们来检查一下你的商业模式中的每个模块，看它们是否需要改善或调整。

模块	增加 +	减少 –	上升 ˄	下降 ˅
我是谁，我拥有什么				
我要做什么				
我能帮助谁 	新客户			
我怎样帮助他人				
怎样宣传自己和……				
怎样和对方打交道				
谁可以帮我 	开发新销售伙伴			
我能得到什么 			实现额外收入	
我要付出什么				

5. 重设商业模式

修改完存在问题的模块之后，现在你可以重新绘制画布了。

我们之所以让大家绘制画布然后再从头修改，这样做并不是瞎折腾。商业模式画布的重要之处在于，它能提供一种结构化的方式帮我们实验各种不同的个人商业模式。它是一种有效的途径，能够尝试不同的工作方式并最终确定最适合你的方式。

原型设计的力量

当生活出现变化时，利用不同的模式进行实验是一种很有帮助的解决办法。如果你喜欢的上司明天被换成“万人嫌”怎么办？设计多样化选择可以帮助你快速转变到实用的、可引导你解决问题的工作模式。

个人商业模式画布

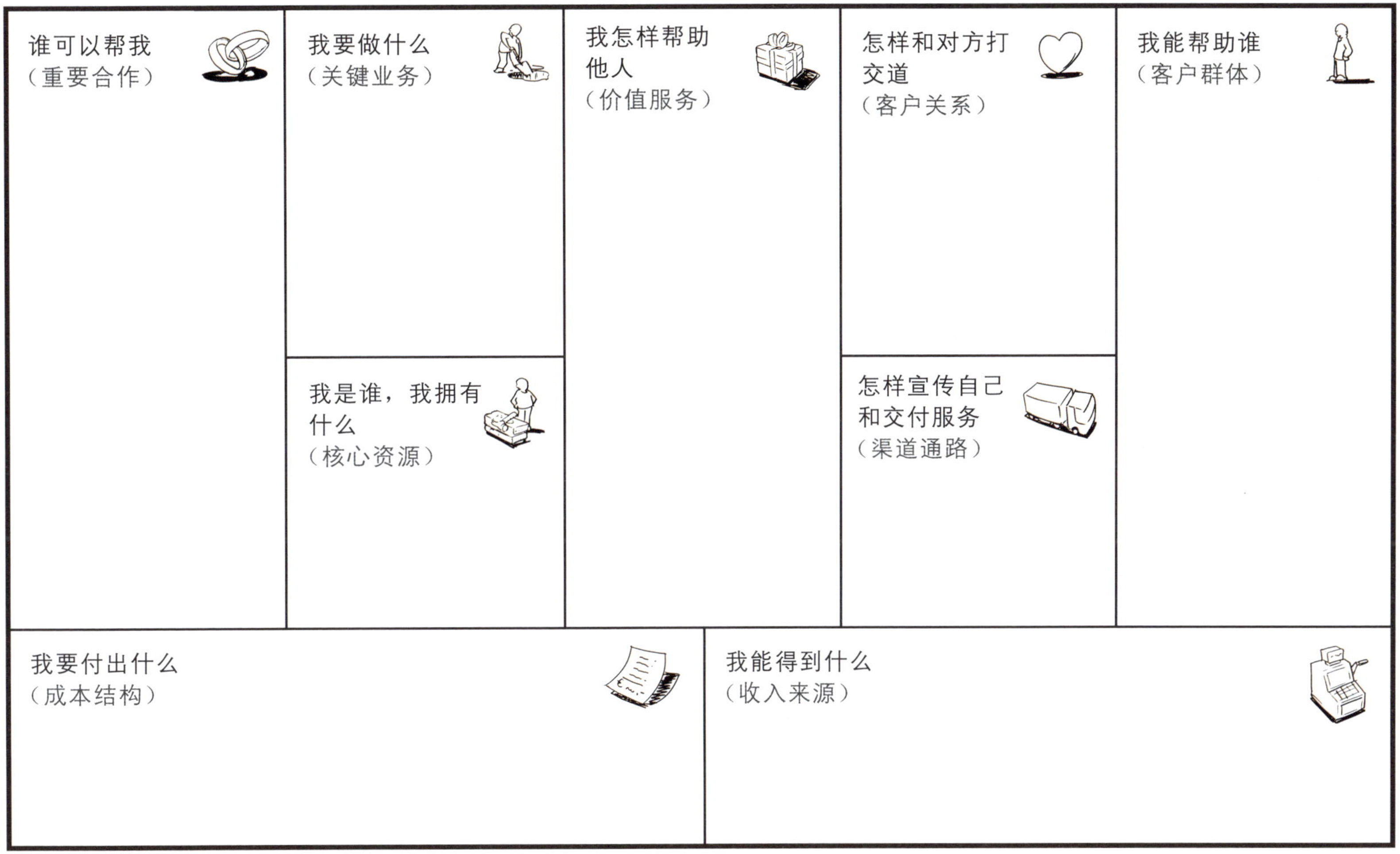
谁可以帮我
（重要合作）
我要做什么
（关键业务）
我是谁，我拥有什么
（核心资源）
我怎样帮助他人
（价值服务）
怎样和对方打交道
（客户关系）
怎样宣传自己和交付服务
（渠道通路）
我能帮助谁
（客户群体）
我要付出什么
（成本结构）
我能得到什么
（收入来源）

模式重建案例分析

作为个人商业模式重建者，我们使用的工具也差不多。只不过，我们每个人的处理过程和得到的结果完全不同。

在本章最后部分，我们向读者介绍 4 个不同的模式重建案例。虽然每个案例的情形和你面对的问题都不同，但它们能帮助你深化理解，学会更好地应用本书介绍的方法。

1. 准备画布。

2. 在接下来的案例中，留意对一两个模块的关注会产生多么重大的改变。

3. 重新绘制你的商业模式。

还记得我们在第 X ～ XI 页罗列的职业索引吗？现在你可以仔细读一读，看看里面有没有谈到你的职业。

案例研究：

选择我的渠道

个人信息：

音乐家

17 岁在电视节目中一夜成名之后，荷兰歌手欣德（Hind）签约到德国唱片公司 BMG 旗下，其唱片处女作销售量达到 4 万多张，勇夺爱迪生唱片最佳新秀奖。但欣德从此之后便风头不再，被其他明星取而代之，她只能千方百计地想办法增加自己的唱片销量。

与此同时，互联网上歌曲下载正迅速崛起，让传统音乐行业的商业模式备受打击。对于音乐的传播和交付渠道来说，唱片销量已经不再决定一切了。

欣德意识到，要想抓住这个重大机遇，实现作品传播的自由，她必须重建自己的商业模式。为此，她开始思索“渠道通路”模块中的诊断问题——怎样才能向歌迷推销自己呢？我的音乐是按照歌迷喜欢的方式销售和传播的吗？怎样做才能保证歌迷的满意度？

这些问题的答案导致了一个重要而清晰的决定：欣德和经纪人艾迪开创了完全属于自己的商标 B-Hind，利用这个新的模式来保证对其音乐创作、推广和销售的全面控制。

姓名 欣德

欣德新旧商业模式对比

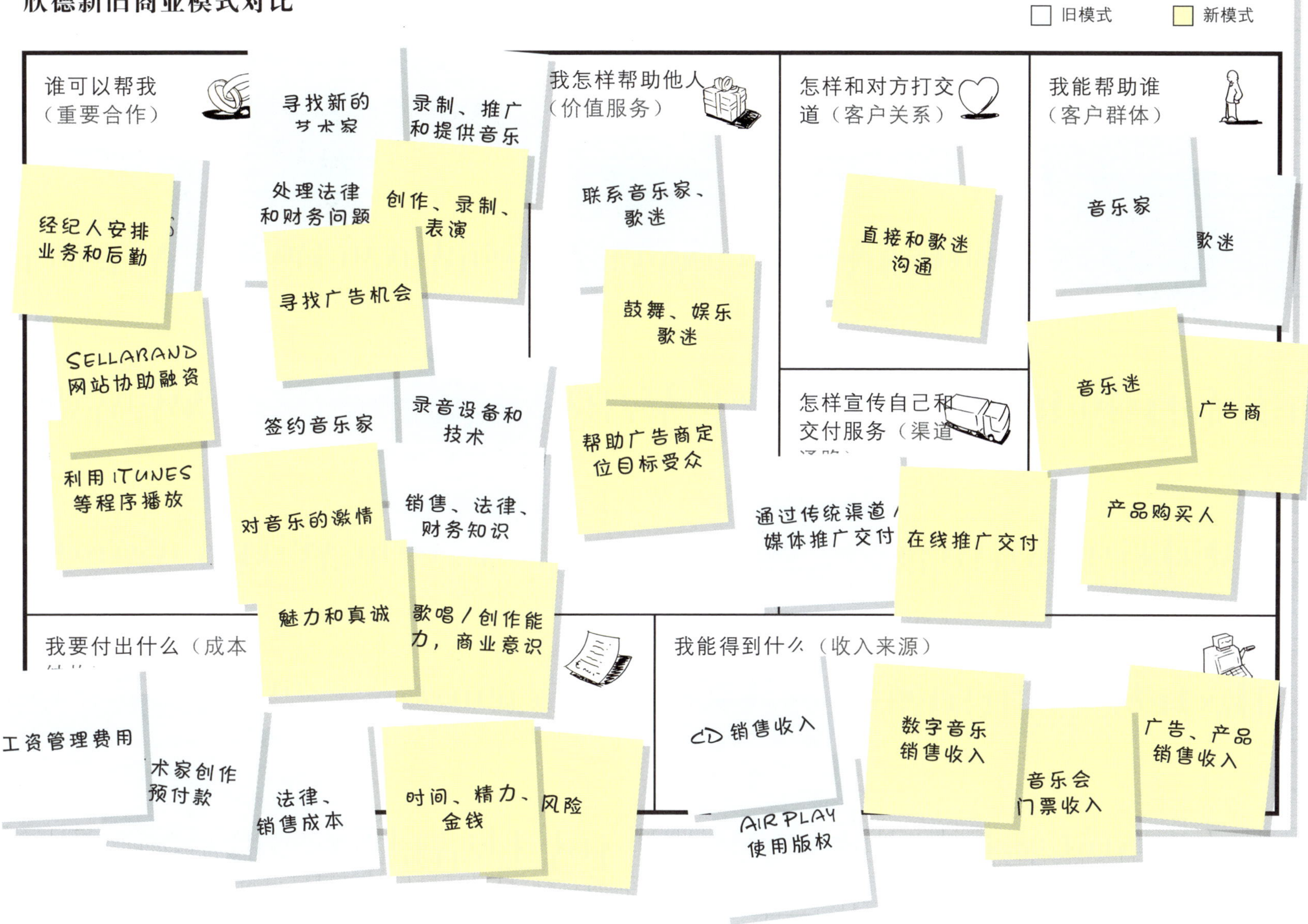

旧模式
新模式
谁可以帮我（重要合作）
寻找新的艺术家
录制、推广和提供音乐
经纪人安排业务和后勤
处理法律和财务问题
创作、录制、表演
寻找广告机会
SELLABAND网站协助融资
签约音乐家
录音设备和技术
利用ITUNES等程序播放
对音乐的激情
销售、法律、财务知识
魅力和真诚
歌唱/创作能力，商业意识
我怎样帮助他人（价值服务）
联系音乐家、歌迷
鼓舞、娱乐歌迷
帮助广告商定位目标受众
怎样和对方打交道（客户关系）
直接和歌迷沟通
怎样宣传自己和交付服务（渠道
通过传统渠道/媒体推广交付
在线推广交付
我能帮助谁（客户群体）
音乐家
歌迷
音乐迷
广告商
产品购买人
我要付出什么（成本
工资管理费用
术家创作预付款
法律、销售成本
时间、精力、金钱
风险
我能得到什么（收入来源）
CD销售收入
AIRPLAY使用版权
数字音乐销售收入
音乐会门票收入
广告、产品销售收入

案例研究：

帮助他人就是帮助自己

个人信息：

知名博主

姓名 J.D. 罗斯

罗斯告诉我们："多年来我一直是个购物狂，直到有一天我和妻子买下一栋百年老屋之后，我终于意识到自己已经彻底破产了。"罗斯在一家纸箱厂做销售，对自我完善和写作领域一直兴趣浓厚。现在，面对累累负债的罗斯决定改变自己的生活。

罗斯阅读了大量个人财务管理方面的作品，然后把自己总结的心得发布到一个名为"慢速致富"（Get Rich Slowly!）的博客上。罗斯的文章引起了很多读者的共鸣，一年后他推出了自己的财经博客，名字仍叫"慢速致富"。他回忆道："我以前从不知道写博客也可以谋生，我只是觉得自己是在帮助别人而已。"

让罗斯意外的是，他经营的博客收入逐渐增长，没过多久甚至赶上了他在纸箱厂的工资收入。于是，他开始重新设计个人商业模式，把自己定位成专业的博客主并辞去了在纸箱厂的工作。罗斯说："这是我一生中做过的最好的决定，我还清了债务，挽救了未来，并且帮助了很多人。"

可没过多久，一周七天不停写作，和 6 万多位读者保持互动，这样高强度的工作让罗斯很快感到力不从心，"慢速致富"博客空间的帖子质量也逐渐下降。这时，罗斯意识到自己的商业模式必须再次更新了。于是，他找到一位合作伙伴并招聘了几位专职写手，自己负责管理事务，引导博客空间的发展方向。这个转变虽然增加了成本，但显著降低了罗斯的压力感和时间付出。现在，他可以腾出时间为专业媒体写作文章了，此举大大提高了罗斯的收入和满足感。与此同时，他的博客空间"慢速致富"也得到了健康发展，订阅空间的读者数量逐渐增加。如今的罗斯不但有时间陪伴家人朋友，而且实现了自由旅行的长期梦想，他的足迹已经遍及非洲欧洲的多个国家。

罗斯告诉我们："个人商业模式画布对我起到了很大的帮助，虽然我们都有转瞬即逝的想法，但很少有人会把它们记录下来。这些想法只有记录下来才能成为永恒。换句话说，商业模式画布能够帮助你有意识地了解自己想做什么。"

罗斯商业模式 1.0 版：纸盒厂销售员

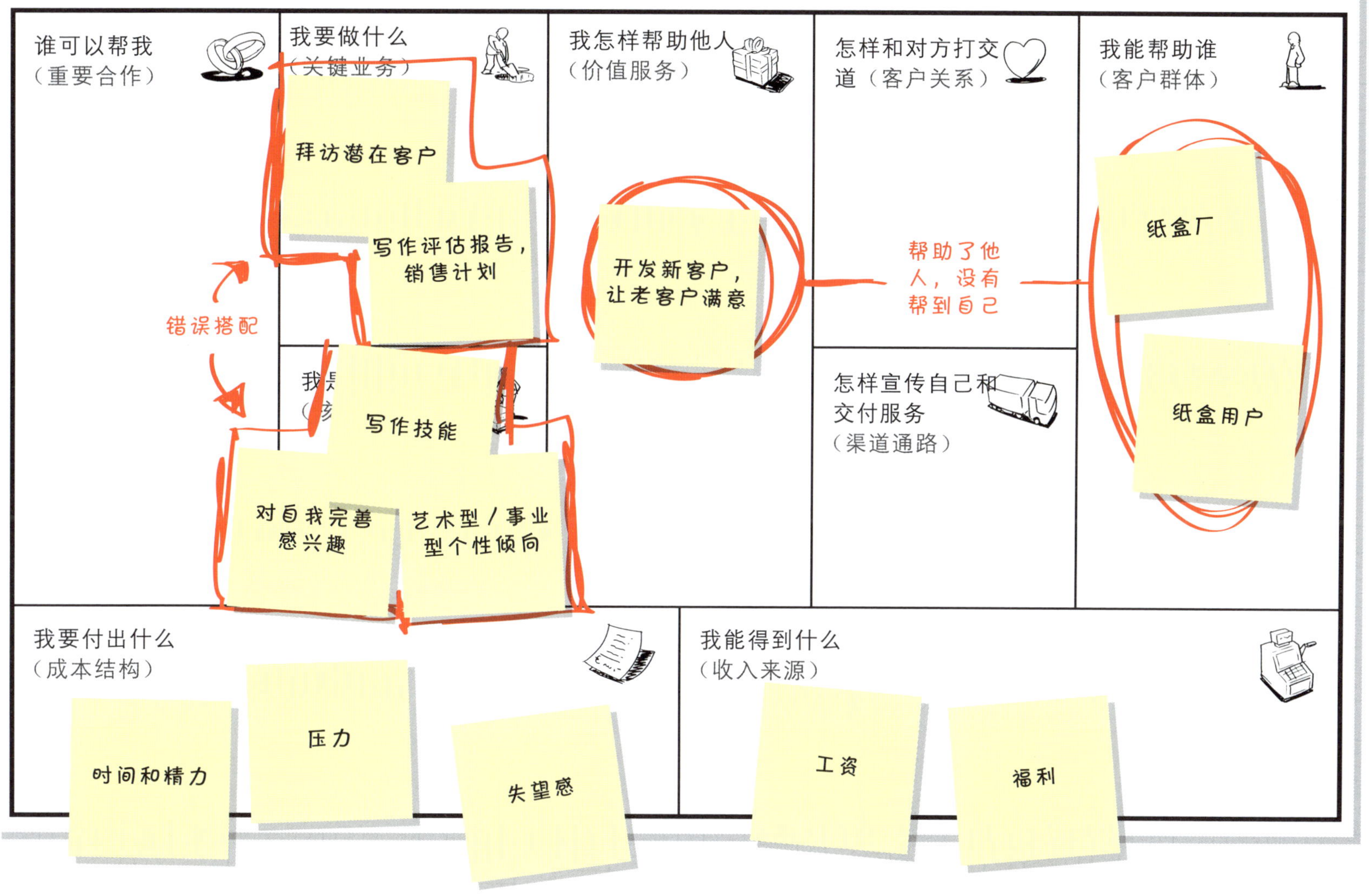

罗斯商业模式 2.0 版：博客主

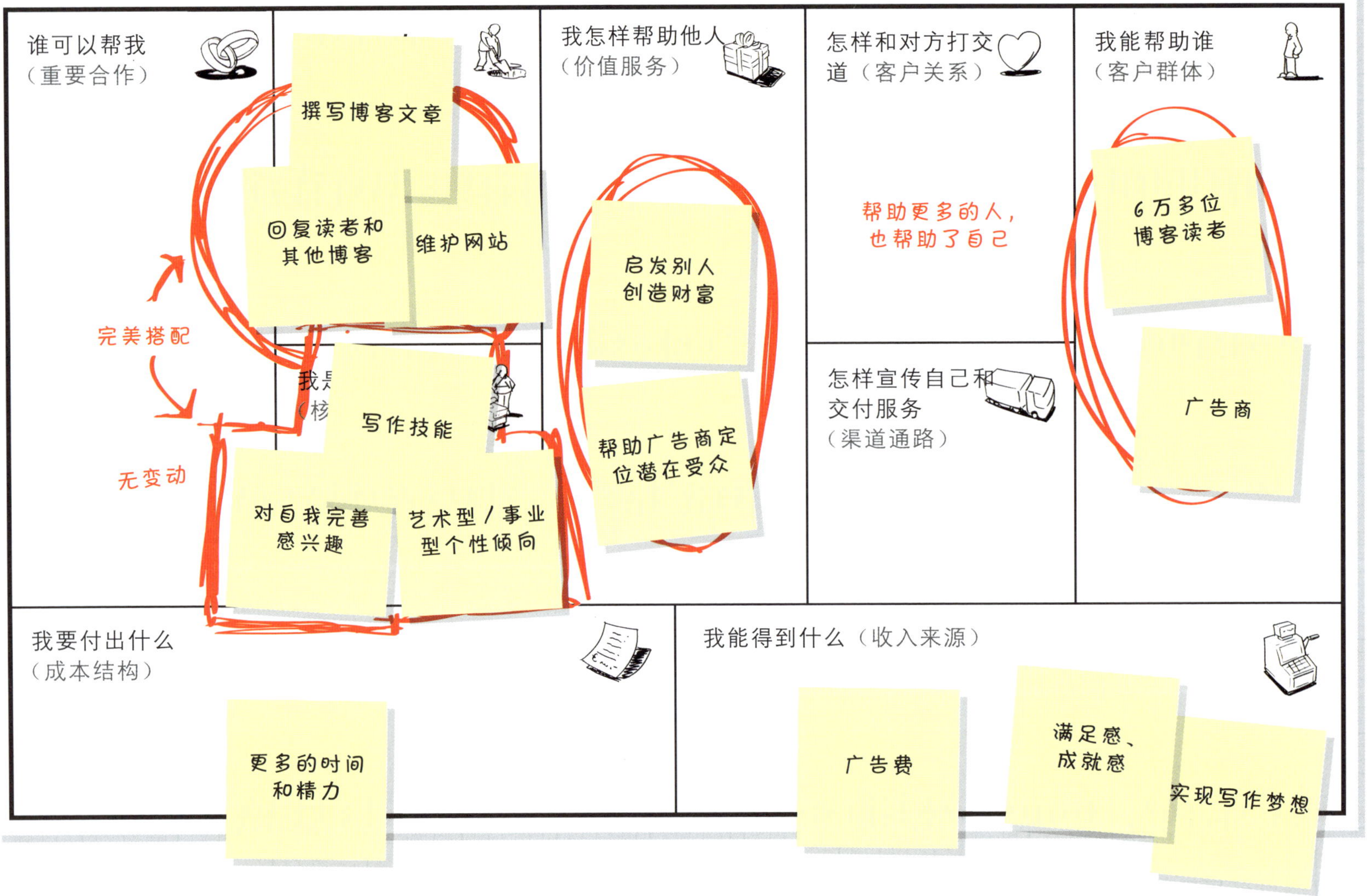

罗斯商业模式 2.1 版：超级博客主

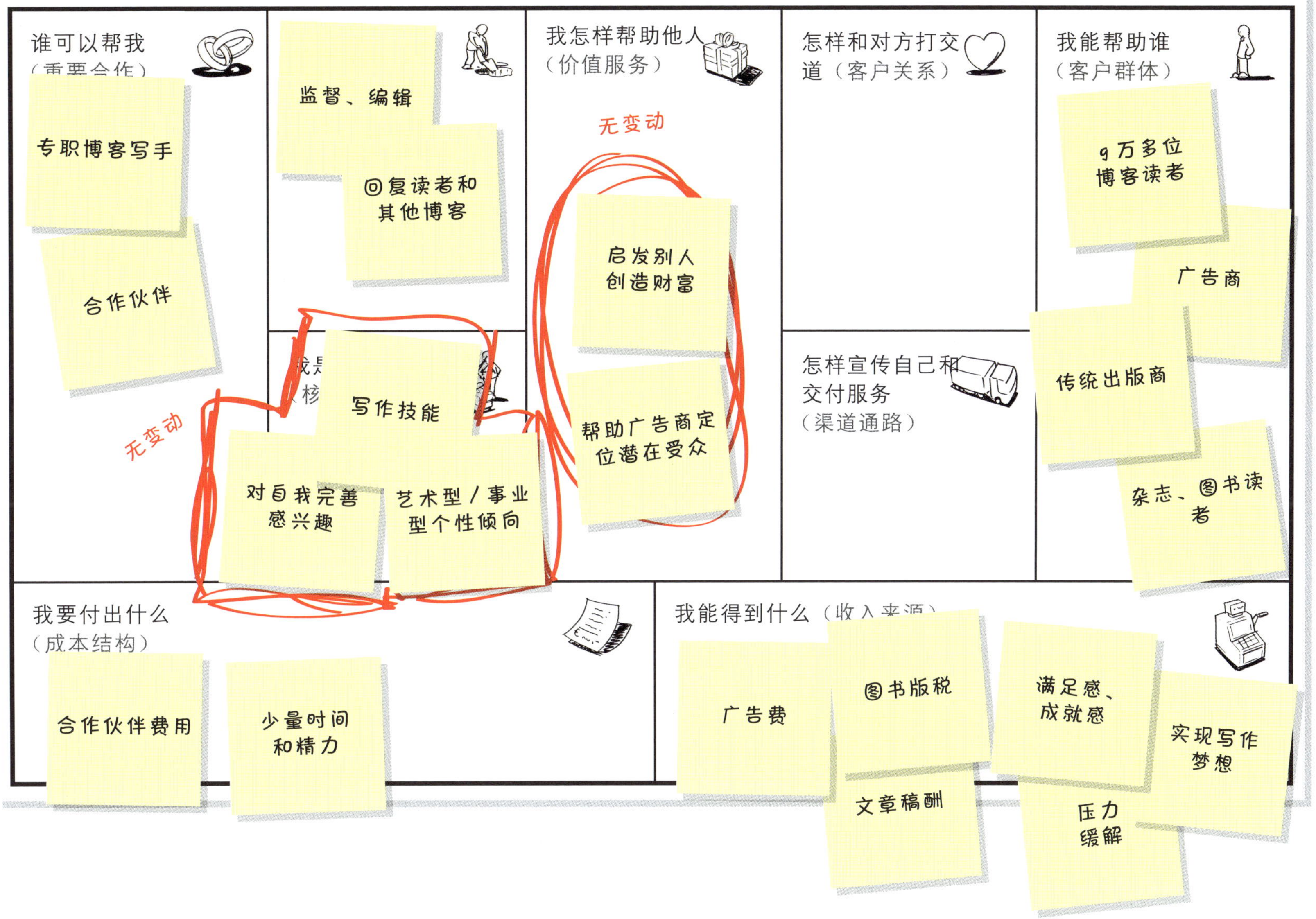

案例研究：

发现更多核心资源

个人信息：

电台播音员

当马丁·布休斯刚加入商业新闻广播台制作部时，他根本没想过有一天自己会成为一位广播主持人。但入职几个月之后，他开始琢磨：“我干吗不试试当播音员呢？”于是，这个梦想就成了他的目标。

在实现这个梦想的过程中，马丁努力地塑造自己独特的语音、措辞和采访风格。但是直到最近他才把这些因素以及其他方面的身体素质视为个人商业模式中的核心资源。

不过，电台主持人的收入很低，这让马丁逐渐意识到这些核心资源的价值十分有限。随着时间的推移，同事和听众的反馈让马丁发现，原来自己的采访和评论经验也是一种技能，其中包括抓住趋势和点评趋势的能力，这些正是他能够快速、准确、情绪饱满地和听众进行沟通的诀窍。

很快，马丁的这些能力让他的工作范围延伸到了话题秀主持人以及商业论坛和各种活动的主持人。如今，他参加一次活动的报酬甚至和做一个月的播音员收入不相上下。

对此，马丁的评论是：“千万不要用过去的眼光看待你的核心资源，个人商业模式是永远处于变动之中的。”

姓名 马丁·布休斯

马丁的扩展模式

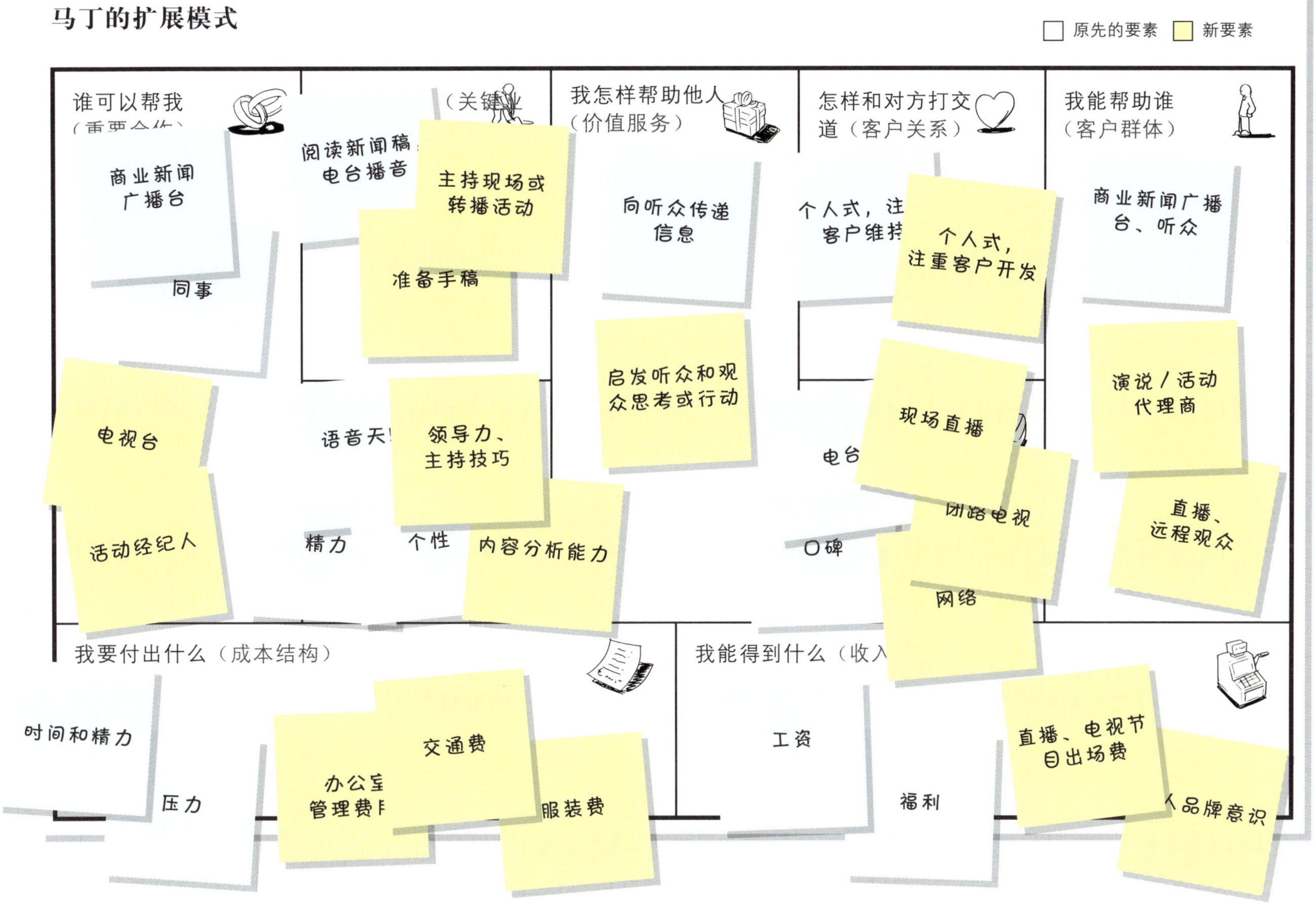
原先的要素
新要素
谁可以帮我
（关键业
我怎样帮助他人（价值服务）
怎样和对方打交道（客户关系）
我能帮助谁（客户群体）
商业新闻广播台
阅读新闻稿，电台播音
主持现场或转播活动
准备手稿
同事
向听众传递信息
个人式，注
客户维持
个人式，注重客户开发
商业新闻广播台、听众
启发听众和观众思考或行动
现场直播
演说/活动代理商
电视台
语音天
领导力、主持技巧
电台
活动经纪人
精力
个性
内容分析能力
闭路电视
直播、远程观众
口碑
网络
我要付出什么（成本结构）
我能得到什么（收入
时间和精力
压力
办公室管理费
交通费
服装费
工资
福利
直播、电视节目出场费
品牌意识

188

姓名 内特·赫利

案例研究：

反向推理

个人信息：

团队领导

内特是一位电子工程师，负责为某跨国 GPS 软件开发公司管理软件设计工程师。他对这份工作感到很失望，但又不知道是哪里出了问题，于是向商业培训师布鲁斯·黑曾寻求帮助。布鲁斯建议内特试试“反向推理”，先想象一下自己理想中的工作，然后反思现在应该怎样做才能将其实现。

在具体操作中，布鲁斯让内特写作四个短篇电影场景，每个场景中内特都要和两位专业人士从事一项他感到满意的工作，即内特理想中的工作。

这些场景揭示的谜底是：内特把自己塑造成了一位领导者和团队组织者。更重要的是，每个场景都突出了这样一点——内特对自己团队建设角色的强调远远大于他在行业部门内担任的具体职务。

通过这种方法，布鲁斯和内特一起“解构”了内特当前和过去的工作经历。他们得出的结论和内特在电影场景中所表达的主题完全吻合，内特真正喜欢从事的是组织和管理团队。他喜欢领导下属，帮助他们从不同的角度思考工作，消除他们在工作过程中遇到的障碍。

内特的反向推理过程

1. 描述经理或领导岗位等理想模式。
2. 描述当前作为技术经理的工作模式。
3. 重新构思个人故事。
4. 对于在开发经理人方面具备国际领先管理技能和声望的客户，确定其需求。
5. 寻找此类客户。

就在完成反向推理一个月后，内特加入了通用电气，一家以杰出管理和领导力开发闻名世界的国际企业。

反向推理指的是先构思理想未来，然后反思当下，看要达到这个目标需要做哪些重要工作。

反向推理的步骤：

- 设想并绘制理想的个人商业模式；
- 绘制当前职业的商业模式画布；
- 分析当前模式和理想模式之间的差距；
- 逐个模块进行分析，确定消除上述差距所需的行动；
- 执行行动。

“对美好未来的描述可以让人感觉成功就在离你不远的前方。”

——布鲁斯·黑曾

未来模式

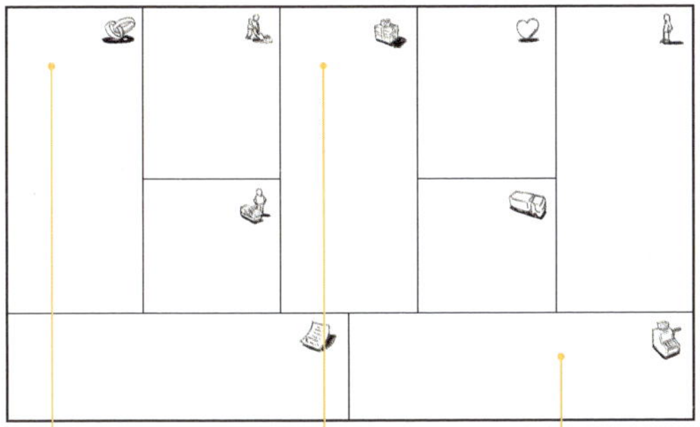

杰出经理人担任导师

创建、指引、领导部门团队

成长为团队建设领导

当前模式

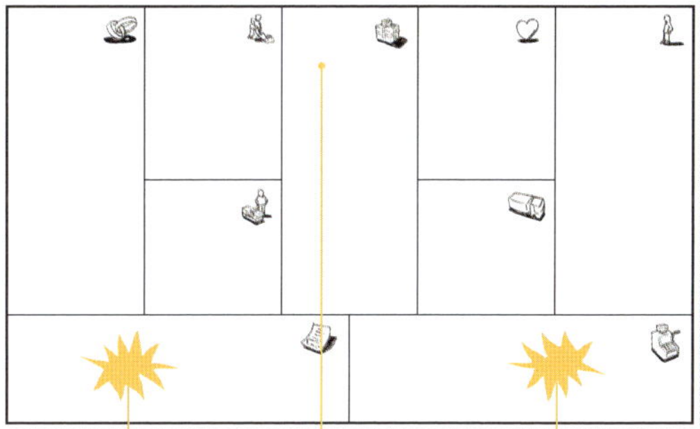

压力，失望感

管理技术项目

缺少职业发展

内特的真正爱好以及他未来的个人商业模式和软件开发毫无关系，和团队建设和领导力开发密不可分……

……于是他重新定义人生经历，把自己描绘成具有工程知识的管理者而不是具有管理能力的工程师。

新的假设

讲了这么多，重建个人商业模式现在对你来说还只是停留在纸面上的小练习吗？

如果你和大多数人一样，答案恐怕是肯定的。不过我们要注意的是，仅仅停留在纸上的个人商业模式代表的只是对你的工作生活的一种假设，其中或许掺杂了未经检验的“想当然”因素。

对科学家和企业家来说，假设是需要用原型化和实验过程来检验真实性的。

我们也必须这样做。在接下来的几章里，我们将讨论分享个人目标、利用反馈信息改善模式、识别和分享潜在客户，以及如何将新的个人商业模式付诸实践等问题。

首先，我们要思考的问题是你在客户眼中有多少“商业价值”。这样做的好处在于，它能帮助你深刻理解客户是如何做出选择决定以及如何影响你的工资收入的。

行动

让我们付诸实践

第 8 章

计算你的商业价值

工资单的秘密

我们在第1章说过，任何组织机构都需要可以自给自足的商业模式，换句话说就是要保证挣的钱比花的钱多（至少要收支平衡）。这一点对所有企业和个人来说都一样。下面我们就来了解一下客户是怎样看待你提供的服务的。

组织机构通常使用利润表，即条目化的销售和费用表来记录经营表现，它能帮助组织机构了解自己的经营状况，了解能否维持自给自足。

作为个人虽然我们不会使用正式的利润表记录收支情况，但大多数人一样会应用类似的工具。例如，很多人会衡量自己的支票簿余额，使用预算法监督账单和收入。

下面我们通过一个个人案例来认识一下利润表这个概念，然后看看它在企业当中是怎样应用的。

埃米莉的收入

埃米莉在捷安特制鞋公司做供应链分析员，每月工资是4 000美元。除去支付每月各种账单之后，她能在账户中存下450美元。[27]

各位读者，我们想问的是，有多少人会认为每月450美元的存款会是一笔丰厚利润呢？

虽然450美元看似不起眼，但从商业经营的角度来说它意味着超过11%的利润（450美元除以4 000美元）。实际上，没有几家公司的经营能达到如此之高的利润率。信不信由你，从百分比意义上说，埃米莉实现的利润率甚至比世界上大多数企业的利润率还要高！

但是“利润”这个词似乎暗藏猫腻。对很多人来说，它给人的感觉就好像巧言令色的销售员在向顾客高价兜售次品汽车，或是巧舌如簧的华尔街代理游说你购买垃圾证券。

利润和收入

实际上，如果把所谓的利润简单地理解为收入抵减支出之后的剩余所得，这样会让我们更好地理解其概念。以埃米莉为例，她的利润是努力工作和奉公守法的正当所得，是为客户提供满意服务应得的报酬。获得收入至关重要，否则埃米莉该怎么照顾自己退休之后的生活，如何支付孩子的大学学费呢？

同样，创造收入对企业也至关重要，否则它们该如何投资新设备或是招聘新员工呢？

无论个人还是组织机构，除非你只是为了维持生计，否则你获得的收入只够支付成本费用，除此之外别无剩余（即实现商业术语中的“盈亏平衡”），这种经营模式将非常糟糕。

“收入”和“利润”其实谈的是一回事，只不过前者是个更合适的词。尽管2000年年底美国出现了财务丑闻，但绝大多数企业还是像埃米莉那样努力工作以实现一定收入。这些收入基本上都用于所有者分配、业务再投资或偿还银行贷款等用途。

拿员工收入和大型企业做对比是不是让你觉得有点离谱？实际上很多人都会这么认为。作为个人，我们很多人都只是按部就班地工作，日常目标也和商业经营相去甚远。

从某种程度上说，这种理解倒也不错，个人和企业确实有很大的区别。但是，作为向客户销售服务的员工、承包商或企业主，使用商业术语思考工作关系是非常有帮助的。

这本书的目的是要把我们重新定位成可创造收入的单人型企业，无论我们就职于组织机构还是为自己工作。

为此，我们首先要讨论的是收入和支出的问题。这个部分需要不时做些运算，不过你肯定会获益匪浅的。

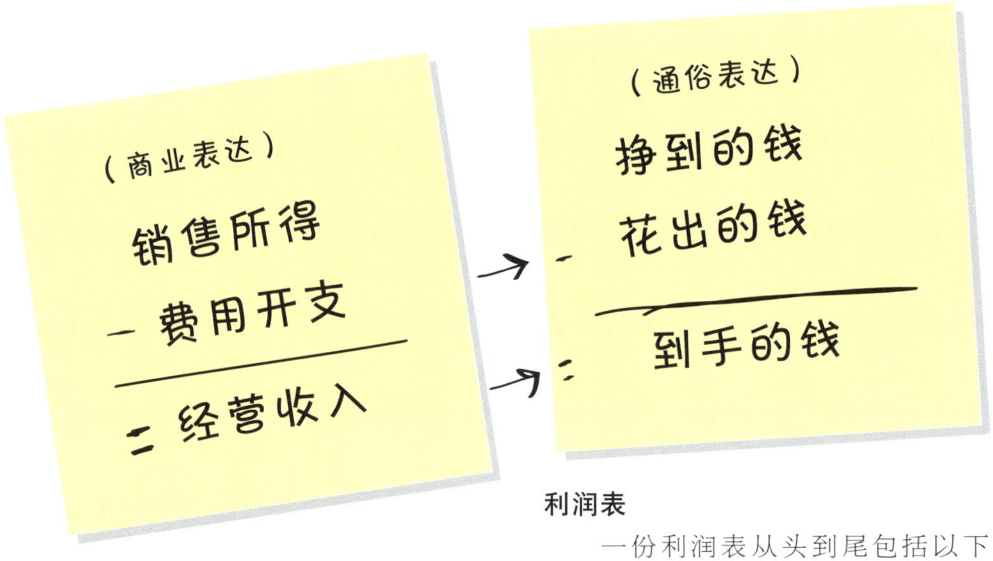

利润表

一份利润表从头到尾包括以下 3 个部分：①挣到的钱；②花出的钱；③到手的钱。如果用商业术语来表达分别是销售所得、费用开支和经营收入。

看起来挺简单的吧。

一般来说，企业至少每年做一次利润表，其目的是：

- **描述收入状况**；
- **确定过高成本**；
- **分析销售表现**。

当然，企业利润表的内容要比埃米莉的收支分析复杂得多，其中包括额外支出项目、税务津贴以及各种个人商业模式涉及不到的内容。不过，两者应用的基本公式是一样的，即：

销售所得 - 费用开支 = 经营收入

在下页的“企业支出分析”表格中，你可以看到利润表思维模式是如何在营利性、非营利性、政府性等各种组织结构中运用的。

企业支出分析

	商业机构	政府机构	非营利组织
挣到的钱 	销售所得 业务报酬 利息收入 专利使用费等	税收 国债销售收入 特定资产和服务销售收入	捐款 赠品 赠款 产品或服务销售所得（仅限法律规定情形）
花出的钱 	产品或服务销售成本 人员工资 房租 水电费	公众服务支出，如教育、医疗、国防等 社会基础设施建设 发行国债利息支出 公务员工资、福利津贴、养老金等	活动成本 人员工资 房租 水电费
到手的钱 	用于分配或产能再投资的收入（利润）	国债赎回（支付购买人原始投资额） 对额外社会基础设施或社会服务的投资	对活动、设施、人员开发的投资（法律规定非营利组织不得向创办人或利益相关者分配剩余资金）

实得工资（到手的钱）的真正含义

我们来看看下图中埃米莉的个人利润表。首先值得注意的是，她的实得工资（2 880美元）远低于毛收入（4 000美元），其间1 120美元的差额都花到了所得税、社会保险、医疗保险等扣除项目上了。

在这里，我们不妨把1 120美元的工资单扣款视为“收入成本”，即埃米莉为保持员工和市民身份必须支付的费用。（作为员工，她可以享受健康保险和退休金；作为市民，她可以享受警察服务、火险服务、孩子的免费教育以及其他福利。）

毫无疑问，埃米莉肯定希望能多拿到一些实得工资，但是在目前的情况下她并没有其他选择。如果她想得到更多工资（同时保持良好的税务记录），就必须接受工资单上所得税和福利津贴扣款。从这个意义上说，埃米莉的收入在毛收入中所占的成本率为28%。

注意！下面要谈的就是实得工资的真正意义了。

对埃米莉来说，她支付的全部生活成本实际上源自于2 880美元的实得工资而非4 000美元的毛收入。

显然，这是一个明确事实，一个对于理解企业经营（和个人工资）具有深远影响的事实。原因在于：

和埃米莉一样，企业支付的费用也源自于其“实得收入”，即扣除必要成本之后的剩余所得部分。

为说明整个过程，我们来看看捷安特制鞋公司是如何实现“实得收入”的。

埃米莉每月收入利润表 （单位：美元）

工资收入	4 000
扣款	1 120
实得工资	2 880
费用支出	
住房	725
食品	600
医疗	125
汽车	200
水电费	175
其他	605
利润……	450

energy smart
GENERAL PURPOSE
SMALLER SIZE!
$36
2700K Soft White
10 WATT
Giant Shoe Company
EMILY DOE
TWO THOUSAND, EIGHT HUNDRED AND EIGHTY
AUGUST SALARY
$ 2,880.00
Your current bill
CALCULATING YOUR BALANCE
NEW BALANCE
$101.49
TAKE YOUR BAG FOR A WAL
ELIMINATE

关于商业经营的惊人事实

为实现生产，捷安特公司首先要购买制鞋原材料，成本是每双鞋 3 美元。

然后，把原材料组装成形的成本是每双鞋 4 美元。

接下来，产品要运输到零售商那里，成本是每双鞋 1.50 美元。

也就是说，一双鞋从生产到摆到零售商的柜台，其总成本为 8.50 美元。假设零售商从捷安特进货的价格是每双鞋 22.50 美元，那么捷安特公司销售每双鞋可获得 14 美元的收入。

这个 14 美元叫做“毛利”或“盈余”，它指的是捷安特扣除制造和运输等必要成本之后的所得。从某种意义上说，它就是捷安特公司的“实得收入”，在销售所得中所占的比例为 62.2%。（零售商向消费者销售每双鞋的价格是 39.95 美元，这里不再讨论。）

接下来，捷安特公司要用这 14 美元的毛利（即实得收入）来支付各种其他费用。

如果捷安特规划得当、执行有力、全部销售了所有产品，那么公司会和埃米莉一样实现最终收入盈余。

这里有一个关键点需要注意：捷安特公司支付员工工资和其他费用的钱来自于其经营毛利，即实得收入。

因此，要想支付员工埃米莉 4 000 美元的工资，捷安特公司必须“挣到”4 000 美元以上的实得收入（毛利），对不对？

由于公司向零售商销售产品的所得率约为 62%，要想实现 4 000 美元的毛利，捷安特必须“挣到”至少 6 429 美元的销售所得（4 000/62.2%=6 429）。

要想弄清楚支付一笔额外费用（如人员工资）需要实现多少销售所得很容易，只要用费用除以毛利率即可（4 000/62.2%=6 429）。

Giant Shoe
Company
PAYROLL
PRODUCTION/
TRANSPORT EXPENSES
SALES

计算你的价值

假设你想到捷安特工作，每月工资4 000美元。由于员工福利津贴不同，公司要支付的不只是一项简单的工资。实际上，企业通常要额外支付工资17%～50%的数额以支付员工的健康保险、养老金、各州规定的退休基金和失业保险等项目。假定捷安特公司需要额外支付的费用占工资25%的比例，这就意味着公司每月实际支付的工资为5 000美元。

这个5 000美元是怎么来的？

1. **它包括4 000美元的名义工资。**
2. **它包括4 000×25% = 1 000美元的额外工资，用来支付保险和其他成本。**
3. **4 000 + 1 000 = 5 000美元**

注意，这个5 000美元只是捷安特公司为雇用你工作每月必须支付的现金数量，它并不反映公司为实现你的"实得"工资必须完成的高销售量。

如205页图中所示，为了支付员工4 000美元的工资，公司必须销售价值超过其两倍的数量的鞋子。

在这幅"员工工资实现方式"的示意图中，有两点值得注意。

首先，为了支付员工工资，企业必须实现比工资数额高得多的销售收入。

其次，所有用于支付给员工的现金都来源于最终客户而非企业自身。

换句话说，为了保证每月给你发4 000美元的工资，捷安特公司必须每个月都销售价值超过8 036美元的产品。

那么，你该怎样帮助公司实现这个目标呢？

这正是商业模式思维的一个诀窍：一个员工的价值应当按照其最终提供给客户的价值来衡量。

也就是说，当一个组织机构决定是否聘用你时，它考虑的是你为客户提供的价值是否大于为你支付的工资。

员工工资的实现方式取决于客户

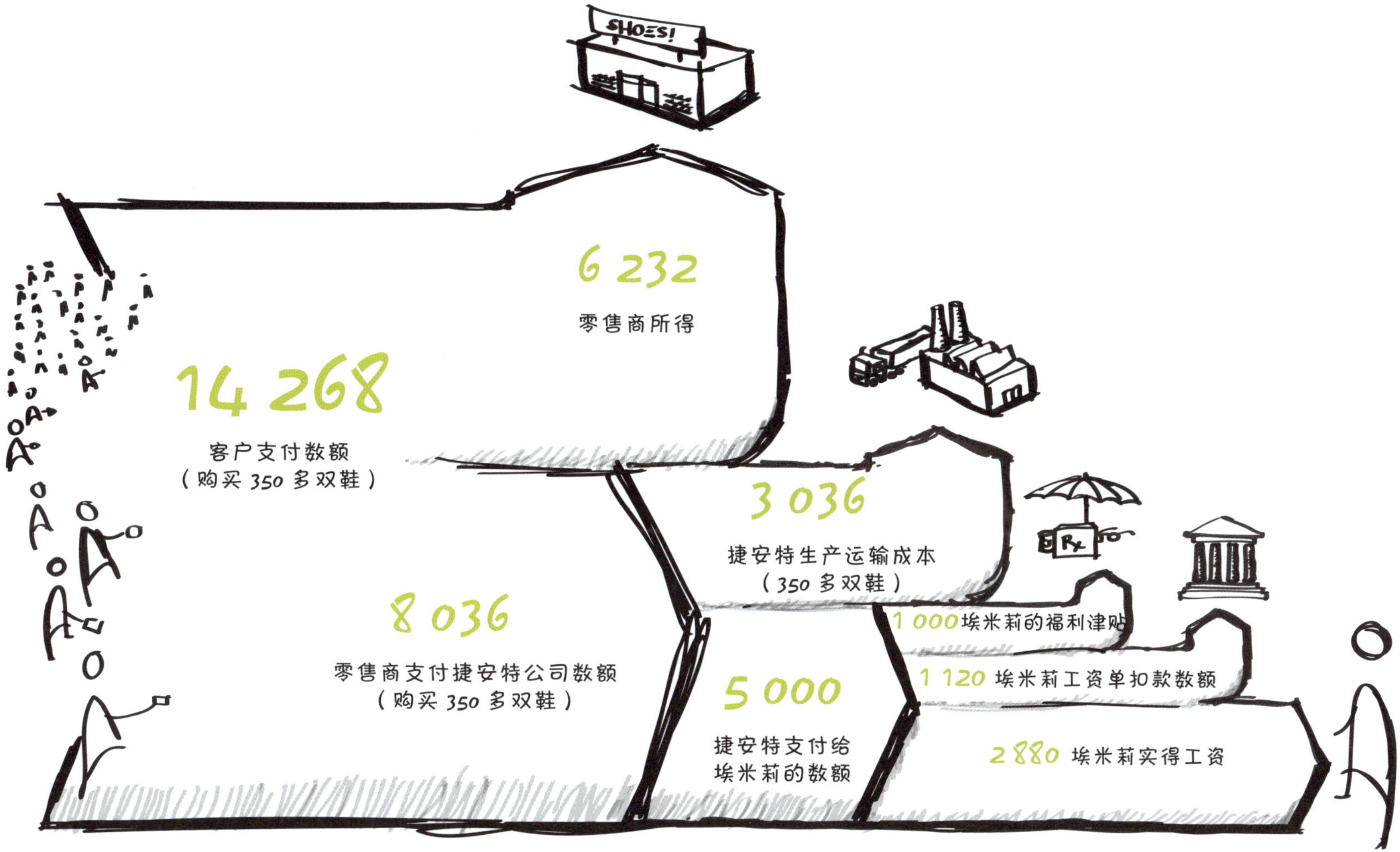

确定你的价值

实际上，很多公司的毛利率还达不到捷安特公司的 62%，假设你所在的公司平均毛利率为 40%。

问：如果公司每月支付你 4 000 美元工资，福利津贴占 25% 的工资比例，公司必须完成多少销售额？

实得工资 ＋ 福利津贴

＝ 全额工资 ÷ 毛利率 %

＝ 所需销售额

答：每月支付员工 4 000 美元工资，需要企业每月实现 12 500 美元的销售收入（4 000 乘以 1.25 除以 0.40）。

为什么经营成本如此之高

按照个人经验，很多员工都认为，不管个人工资是多少，企业销售所得至少是个人收入的两倍。

因此，对于一个年收入 48 000 美元的员工来说，企业为支付各种成本必须实现 96 000 美元的额外销售。

实际上，根据行业差异以及毛利率水平的不同，对某些企业的员工来说，要想保证其年收入企业必须实现 3 倍于工资的销售所得。

只有明白了企业经营的成本以及决定价格的背后因素，你才能理解为什么经营成本如此之高。

现在你知道企业为什么总是无情追逐更高的毛利率了吧？

你对组织机构的价值

坦率地说，如果你认为自己值 60 000 美元的年薪，那就要准备好向雇主说明你能每年为其创造 120 000 ～ 180 000 美元的企业收入。

当然，我们的价值并不是完全靠钱来衡量的。尽管如此，员工仍必须以为客户提供的价值以及消耗的成本为基础考量企业的招聘决定。从这个意义上说，无论企业还是个人都必须理解商业模式的重要意义。

至此，相信你已经理解了以下内容：①客户怎样确定你的价值；②你该怎样确定理想的工资水平。这些问题非常值得深思，因为接下来你就要检验自己的商业模式了。

需要牢记的内容

所得
即挣到的钱

费用
即花出的钱

收入或利润
即挣到的钱和花出的钱的差额，等同于利润

利润表
是指定期对组织机构收支状况所做的总结，通常 3 个月或 1 年总结一次

销售所得
指销售产品或服务实现的收入

收益
指销售加利息收入、租赁收入、版税收入和其他被动收入

毛利或盈余
指销售收入扣减产品或服务销售成本后所得（通常以销售额百分比形式体现）

产品成本或销售成本
指产品或服务销售方的直接成本。

盈亏平衡
指收入所得等于费用支出。

全额（工资）成本
指除工资之外，包括健康保险、退休金、各州保险或税捐等项目在内的员工工资全面成本。

第 9 章

在市场中测试你的商业模式

案例研究：

赛德的商业模式测试

个人信息：

废品回收员

姓名 赛德·卡尼扎罗

赛德·卡尼扎罗终于确定了自己的行动目标，她要帮助别人学习如何回收和处理垃圾。

多年来，赛德一直和一位热衷环保问题的朋友积极讨论垃圾的回收利用问题，两人把这种讨论戏称为“垃圾会”。后来赛德丢掉了客服培训师的工作，这让她决定转换思路，不再把“垃圾会”当做一个消遣爱好，而是作为一项职业来对待。她发誓要找到能帮助别人学习如何回收垃圾的工作，用她的话说，这是一份“非常有意义的工作”。

对于这个新的商业模式，赛德马上进行了测试。

由于找不到愿意付费接受垃圾回收培训服务的**客户**，赛德重新调整了方案，在当地一家食品店的熟食铺找到一份工作，通过这种方式了解了更多垃圾环保处理的知识。

因为自己不属于任何垃圾回收机构，赛德别出心裁地制作了“垃圾会”电话卡来说明其服务**目的**。

为了解新的个人商业模式对垃圾回收行业的需求，赛德开始参加绿色产品会议、固体废弃物处理公共论坛以及各种社区垃圾处理讨论会。

随着越来越多的相关机构开始对她的“垃圾会”产生兴趣，赛德**进一步调整了自己的商业模式**，以便更好地响应来自行业专家的反馈，更好地完成和个人目标接近的项目。终于有一天，她的努力得到了市政可持续发展工作小组的支持和相应。

现在，赛德是一位全职垃圾回收调度员，负责整个城市的垃圾环保处理工作。

你的商业模式是否和客户需求吻合

如果你也和赛德一样正在规划重要的职业调整，对商业模式进行需求测试和生存能力测试是非常关键的。我们在画布中可以看到，个人商业模式各模块中包括一系列无效假设。换句话说，它只是一项未经验证的，想当然认为会利人利己的行动方案。

怎样才能测试个人商业模式呢？你应当寻找客户，和对方交谈并成功获得理想中的客户。其实，最好的测试方式和精明的企业家测试新产品或新服务的方式一样：和潜在客户交流。

在此，我们建议大家采用企业家史蒂文·布兰克（Steven Blank）开发的测试流程，他详细介绍了如何了解客户需求和采购心理。由于很多公司（和不成功的企业家）总是对客户未加彻底了解便急于开发和销售产品或服务，因此这一客观的可重复性流程具有非常重要的指导意义。[28]

例如，由于摩托罗拉没有意识到客户是否需要基于卫星的全球移动电话系统，公司因此在开发和推出铱卫星服务时的损失高达50亿美元。同样，雷诺兹烟草公司在开发无烟型香烟时损失了4.5亿美元——尽管不抽烟的人热烈拥护这个创意，可公司的真正客户（吸烟者）对此反应异常冷淡。

聪明的企业家总是在执行计划之前全面测试评估组织机构的商业模式。我们也可以遵循他们的经验，对个人商业模式进行验证。

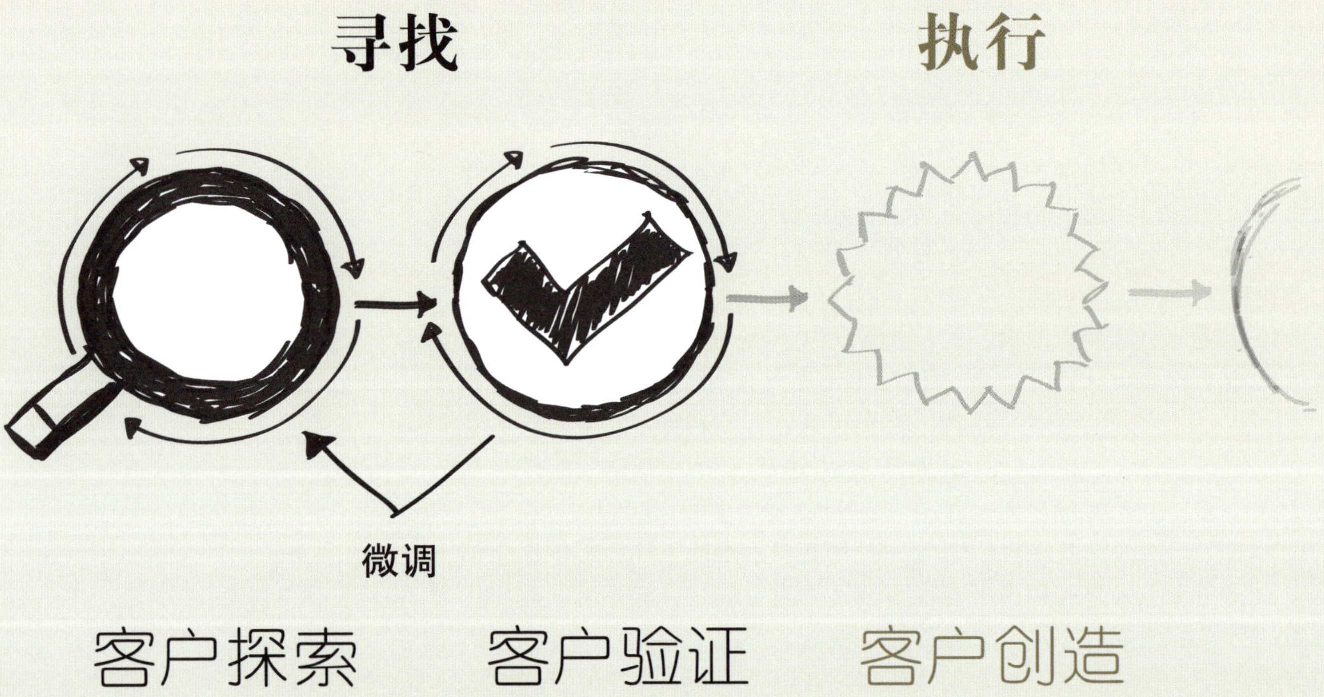

寻找
执行
微调
客户探索
客户验证
客户创造

如何测试商业模式

在你的个人商业模式画布中，你应当和潜在客户交谈以测试每个模块中所做的假设。如果客户反馈表明需要做出改变，你必须返回画布修改相应的模块（这个过程即“微调”）。不断重复这个过程，保证你的商业模式符合所有潜在客户的需求。

调整完毕之后，你应当试着向客户进行销售，利用这种方式验证其整体可靠性。如果对方不愿意购买，你必须找到原因并再次对模式进行微调。当客户愿意购买时，你就可以选择为其服务或是像企业家一样利用这个模式开发新客户了。

“跳出”画布

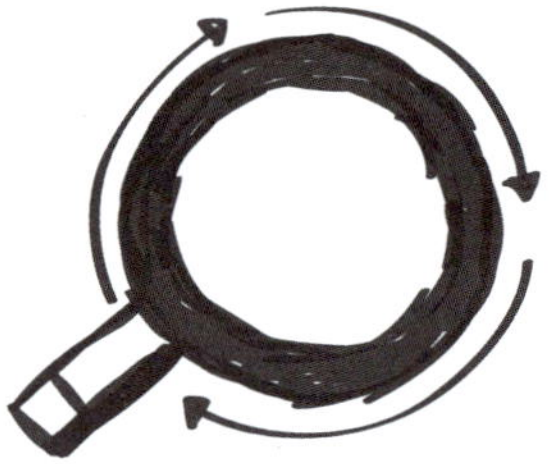

客户探索过程的第一步即史蒂文·布兰克所称的“走出办公室”，职业咨询顾问称其为“人脉开发”。其实它们说的都是一回事——联系会见你的潜在客户、专家或是那些能为你引荐潜在客户或专家的人，在此基础上判断你的商业模式是否可行。

记住，个人商业模式的每个模块都包含多种假设情形，因此画布中的每个模块都必须经过客户测试。例如：

- 客户是否相信你拥有为实现承诺的价值服务所需的核心资源和重要合作？你建议实施的关键业务是否支持你的价值服务？
- 客户是否关注你想帮他们完成的任务？他们是否愿意支付你在收入来源模块中列出的费用？（在前面的案例中，赛德一开始就没找到愿意付费接受服务的客户。）

- 你能承担商业模式实施所需的成本吗？
- 客户希望通过哪些渠道联系和获取服务？你准备采用怎样的客户关系和他们打交道？

显然，这些问题只能通过和潜在客户沟通的方式找到答案。

要想实现有效的客户探索，关键在于努力避免“销售”行为。也就是说，你们的会谈应当注重从客户角度验证个人商业模式中的各种假设。对此，布兰克建议不要让客户产生这样的印象——“我觉得你们公司存在……问题或机遇”，因为这样很容易让对方感到厌烦。

在具体操作中，你应当先从自己的第一人际圈入手，和家人朋友、邻居、同事、教会或职业协会成员以及其他人际关系进行交流，告诉他们你正在围绕新的目标重建个人职业生活。

你可以问他们是否认识对你的个人目标有职业兴趣的人，尽量多搜集一些姓名和联系方式，这些信息可以成为你的推荐人。

接下来，**联系你的推荐人**。和他们打交道的基本原则是通过熟人介绍，比如朋友的朋友或是熟人的熟人。努力避免“不请自来”，一定要经过引荐之后再接近对方。

“职业生涯中的所有重大事件都是从你身边的熟人开始的。你不用费神搜索网络，你的重大职业转机并非源自于什么神秘技术或新信息，而是源自于你认识的人。因此，你要做的是走出去广交朋友。”

——德里克•西弗斯（Derek Sivers）

大多数职业工作者都喜欢和同行讨论共同关心的话题。

因此，你应当拿起电话，打给身边的朋友，然后约好时间出来谈谈。如果对方有些犹豫或是有很多问题，**你应当这样说明和你会谈的好处**：

我觉得在这件事上你能提供一些看法，作为交换我愿意和你分享一些创意，以及我对可持续性物流业未来发展的见解。你看下周二或周三晚上有时间吗？

如果对方同意，安排见面时间；如果不同意，请对方推荐一位关注此行业的专业人士，然后感谢对方，联系你的新人际关系。

瞧，就是这么简单。很多人都觉得打这种电话很难，甚至感到痛苦不堪。实际上，只要打上十个这样的电话，你的职业生活就会出现转机。

初次联系被推荐人怎么做

深呼吸，拿起电话，自信地说出下面的台词：

玛丽•莲恩你好，我是埃米莉•史密斯，是萨莉•麦考密克推荐我联系你的。我从事物流行业，对于如何在企业内创新实施可持续发展很感兴趣。我知道你是这方面的专家，很想知道你和（某某公司）是怎样解决这个问题的。你看下周有时间见面聊一聊吗？只要20分钟就好，下周二或周三晚上可以吗？

可以放松了，现在你只需静待对方答复即可。只要你足够真诚，一般都会得到“同意”的答复。

更进一步

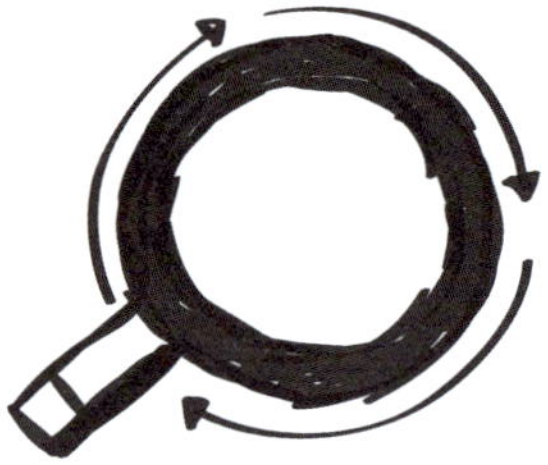

在开始和对方讨论之前，下面几句话可以帮助你了解对方的个人或组织机构商业模式：

“你是怎么进入______行业和______公司的？”

“现在你是怎样发展______目标的？”

“关于______问题还有哪些人关注？他们是客户、供应商、管理机构还是社区成员？”

“你是怎样衡量经济影响的？”

幸运的话，对方会给出提示甚至开诚布公地和你谈论自己的工作、重要合作以及商业模式中的其他方面。如果是这种情况，你应当继续提问让对方解释说明，同时用自己的话重新表述对方的观点，直到他们完全肯定你的理解。（事先阐释说明是因为过一会儿你的注意力会转移到和客户讨论方案的研究和准备，那时就没有时间回顾对方说过的内容了。）在此过程中，客户甚至会询问你的价值服务以及个人商业模式中的其他方面。

如果会谈非常顺利，根据情况的发展以及你提供的帮助范围，你甚至可以当场建议和对方合作。如果出现这种情况，你应当准备好讨论各种细节问题，包括你如何提供帮助以及费用报酬等（参考第8章）。

如果你感觉签订书面计划比较稳妥，可以告诉对方你有一些帮助他们的想法，希望对方能批准你提交的计划方案。记住，时刻关注潜在客户的目标，把自己定位成其解决方案必不可少的部分，这样才能拉近你和潜在客户之间的距离。

每次会谈之后你都要总结经验。这时你会发现，自己对个人商业模式的生存能力，以及对客户组织机构的商业模式都会有更清晰的认识。

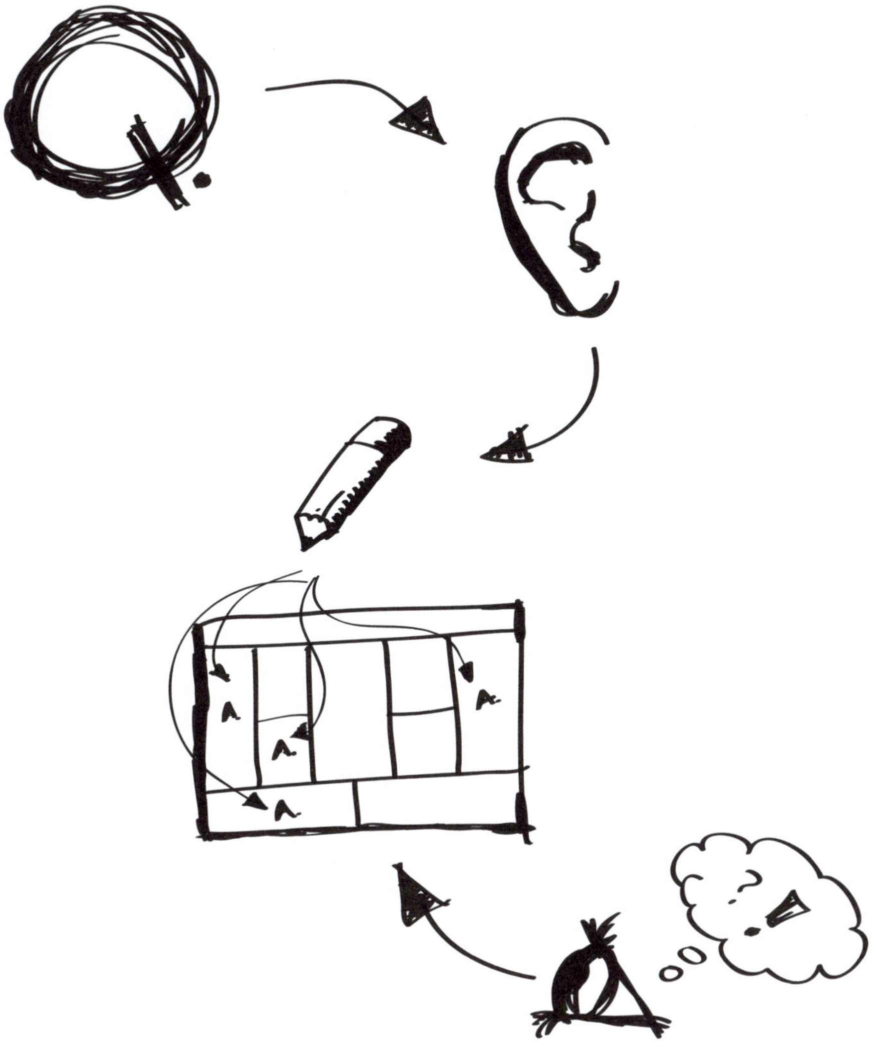

隐秘问题

下面这个问题具有不可思议的魔力，它能从普通的对话中获取深刻的见解：

“关于……问题，你觉得我还需要了解些什么？”

例如，在谈话即将结束时（215 页），埃米莉一定要这样问对方一句：

“关于在（某某）之类的公司实施可持续发展的问题，你觉得我还需要了解些什么？”

这个问题为什么如此有用？这是因为，大多数职业工作者对其职业范围内的挑战、机遇和变动都怀有宠物理论的心理，一旦有机会就愿意和他人分享自己的看法。因此，你只需抛出一个“诱饵”，表现出愿意洗耳恭听高见的态度，肯定会轻松获得对方多年辛苦付出才换来的丰富经验。

验证每个模块中的假设

每次会谈之后，你应当把得到的经验和自己在模块中所做的假设进行对比。利用这种方法，几个回合之后你就能清晰发现要对哪些假设条件进行调整。

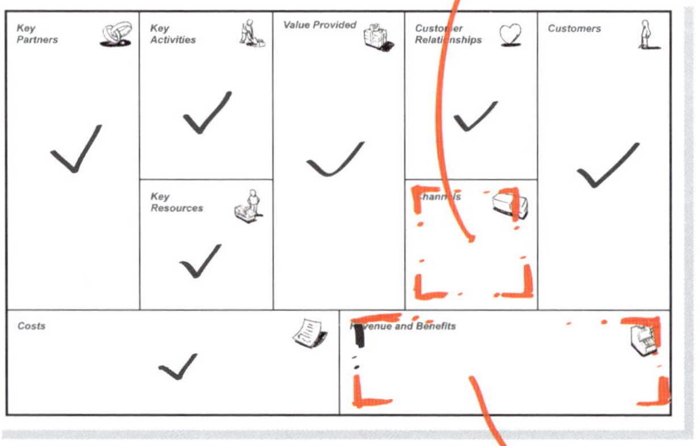

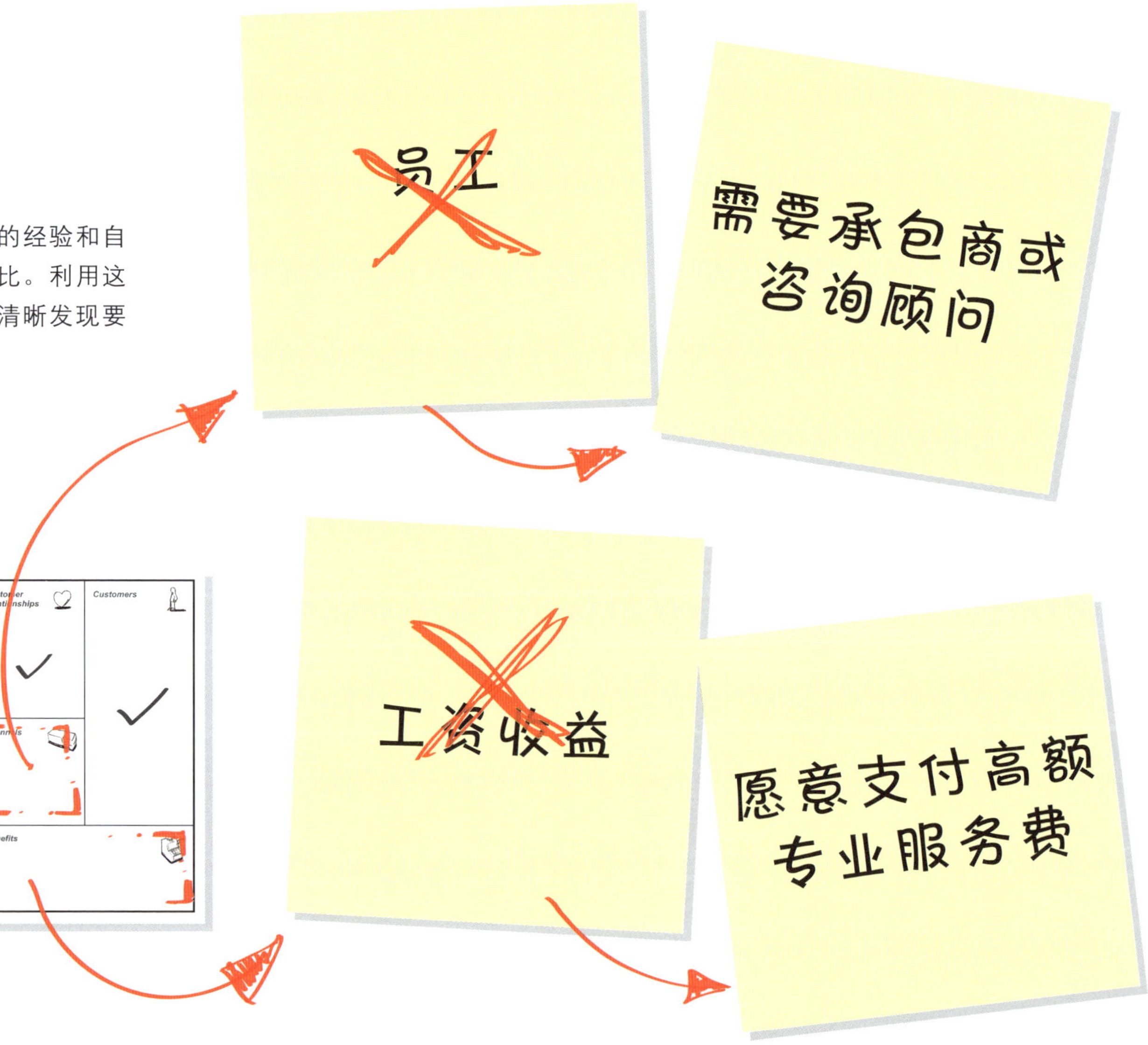

企业家决策

在测试个人商业模式时你会发现，尽管你只想做一个员工或承包商，但有时成立自己的企业才是更理想的选择。当然，相反的情况也会出现，你本来是想成立自己的企业，但发现做一个受欢迎的员工或承包商似乎更有优势。

无论是哪种情况，你都要面对企业家决策问题——你是该成立自己的公司，还是选择在某个大型组织机构实现个人商业模式呢？

虽然这个问题已经超出了本书的讨论范围，但我们还是给出两个思考方向：①在决定成立个人企业之前，一定要读一下迈尔克·格伯（Michael Gerber）的早期作品；②大多数人会发现成立个人企业实现职业成功的机会反而更小。（当然，从另一方面来说本书读者显然不是“大多数人”。）

如果你的个人商业模式无法赢得他人认同怎么办

在和他人分享个人商业模式时，对方的表现是聚精会神吗？如果不是，你需要考虑以下几个因素：

你的模式介绍是否引人入胜？如果不是，确保使用简明扼要、易于理解和准确恰当的语言描述你要说明的内容。有时候出色的文案也能为你的模式说明带来巨大改善。

你的模式能否解决实际的经济问题或为对方带来机遇？没有多少组织机构愿意单纯为了社会目标或政治目标浪费金钱，你要思考自己的模式能为客户带来怎样的经济利益。

你能否为自己的模式提供可靠支持？客户是否对你实施模式所需的核心资源（包括你的动力、记录、专业知识和技能）充满信心？如果你不确定潜在客户对你的看法，一定要问清楚！

财务调查员

简•基梅尔（Jan Kimmell）是一位拥有物理学学位的经验丰富的女性管理人员，被公司解雇后，她决定在个人商业模式中把财务和经营活动结合起来。这两种业务通常都是各自为政，但简认为它们应当合为一体。不幸的是，她自定义的职业目标并没有引起别人的共鸣。

于是，简设计了一份简短的目标说明：

我是个财务调查员，负责为企业财务系统查漏补缺，同时参与企业的经营活动，实施必要的补救，保证利润的实现。

虽然简的说明有些老套，但它很好地满足了制造业客户的需求。现在，简任职于某高精密制造企业，负责的正是财务和经营相结合的混合型业务。

准备确认客户

至此，你已经发现了一些对你的模式感兴趣的企业并和它们进行了交谈，其中有些企业很可能成为你的优质客户。如果你觉得已经做好了销售准备，热切希望把某个组织机构变成你的客户，我们建议你完成以下步骤：

1. **对该组织进行调查研究**。
2. **和该组织决策者安排面谈**。
3. **提议帮助该组织完成某项具体工作**。

调查潜在客户的方式包括参加行业展会或活动，和行业专家或分析员会谈，拜访相关行业组织机构，阅读潜在客户所在行业的专业刊物和流行刊物。记住，你的目的是把自己放到潜在客户的立场上看待问题，学会从他们的角度来审视自己。

在此过程中，我们要关注的是自己的秘密武器，即认识、描述和分析商业模式的能力。的确，有什么办法会比绘制商业模式能更有效地了解潜在客户呢？

如何获取内部信息

如果你的潜在客户必须在美国证券交易委员会登记存档信息，你可以查询EDGAR数据库对其进行了解（sec.gov/edgar.shtml），这是一个流行于投资者、MBA和商业人士之间的免费公开数据库。通过获取内部信息，你可以了解到关于潜在客户的大量财务和战略信息。

绘制一两个潜在客户的商业模式画布，通过增加、减少、升序、降序排列不同模块内容的方式进行实验。

简要描述价值服务，确定哪些模块是客户的弱势，想象一下客户会遭遇哪些竞争压力，他们能通过修改模式的方法有效应对这些压力吗？（顺便说一下，他们的竞争对手也可能成为你优质的潜在客户。）

财务方面肯定存在弱势，大多数组织机构都迫切希望增加收入或降低成本。因此，如果客户准备聘用你，你应当把个人价值服务能为对方带来的正面经济效益加以量化，用数字说明你能为对方带来多大利益。

首先，你可以说明潜在客户需要完成的重要任务有哪些，然后反向推理下列问题：要帮助客户完成这些任务需要提供怎样的价值服务？实现这些价值服务需要实施哪些关键业务？实施这些关键业务是否具备必需的核心资源？如果不具备，能否从重要合作伙伴那里得到帮助？外部力量会怎样影响客户的商业模式，你能否帮助他们调整这种影响？现在，你可以利用商业模式思维法为潜在客户和自己进行全面分析了。

网络营销商

大学毕业后，查理·赫恩（Charlie Hoehn）发现自己的商科学位毫无价值，根本找不到对口的工作。面对这种情况，霍恩没有动用人际关系，而是把目光直接瞄准了期望接触的最终客户。他给心仪的著名作家和电影制片人直接打电话，表示愿意免费为他们提供网络营销服务。这一招很奏效，他很快就得到了付费客户。现在，他的客户名单上不乏赛斯·高汀（Seth Godin）、蒂姆·费里斯（Tim Ferris）以及塔克·马克斯（Tucker Max）等名人。

向决策者销售

你的目的是接触潜在客户所在企业的决策者并向其销售你的个人商业模式。你可以利用人际关系获取面谈机会，但是在面谈过程中你应当关注的目标只有一个——强调你的模式可以在某个具体方面有效地帮助对方。你的目标是提议为对方工作，如果客户拒绝你的建议，你可以对商业模式进行微调或重建。

你应当通过最有力的推荐人接触决策者。即使你的人脉开发没有发现和潜在客户有直接合作关系的人，现在你对目标领域也已经非常熟悉，可以通过扩展的人际关系开发新的推荐人了。

有时候逆向思考也会收到奇效，根据行业和决策者个性的不同，你也可以兵行险招，不经任何推荐直接联系客户方决策者。

在和决策者沟通时你可以这样表达：“我觉得你们公司在 _____ 方面有很大的发展机会，我有一些想法可以帮助你们实现这个机会，你对这一合作有何看法？”

只要你按照商业模式测试原则去做，最后一定会得到对方的积极响应。

制胜之道在于坚持

无论你决定怎样接触客户方决策者，来自美国销售代表协会的下列研究数据都会改变你的行为方式：

- 和对方初次接触可实现 2% 的销售；
- 和对方第 2 次接触可实现 3% 的销售；
- 和对方第 3 次接触可实现 5% 的销售；
- 和对方第 4 次接触可实现 10% 的销售；
- 和对方第 5 次到第 12 次接触可实现 80% 的销售。

由此可见贵在坚持，千万不要因为第 2 次、第 3 次或第 4 次的努力得不到回报而轻易放弃。

和客户方决策者面谈时，你应当简要描述你对客户工作的理解，然后请对方说明你的理解是否准确，有无遗漏。

如果你的理解准确，对方的回答会是这样的："你认为我们该怎样解决这个问题呢？"（这正是你想听到的！）

反之，如果你的理解不够准确，对方会对公司遇到的问题或机遇详加说明。这个过程中需要注意的是，无论对方如何表述，记住你的目标是提议帮助他们。

根据具体情况和谈话进展的不同，你可以以口头或书面提议的方式表示愿意帮助对方完成工作。

如果对方接受书面提议，你应当承诺在一周之内提交建议书，然后感谢对方并礼貌离开。别忘了事后给对方发一封感谢邮件，在邮件中确认以下两点：①建议书中的约定事项；②建议书的提交时间。

如果对方谢绝你的好意，你需要考虑和其他潜在客户进行接触了。如果多个潜在客户都拒绝你的建议，这说明你应当调整自己的商业模式了，只有这样才能更好地满足客户的需求。

单页式建议书

决策者都喜欢简明扼要的概念，因此你的建议书必须高度浓缩，把所有信息总结到一张纸上。值得注意的是，你的简要描述必须保留一定的细节内容，以便后期在面谈或正式文件中详细说明。[29]

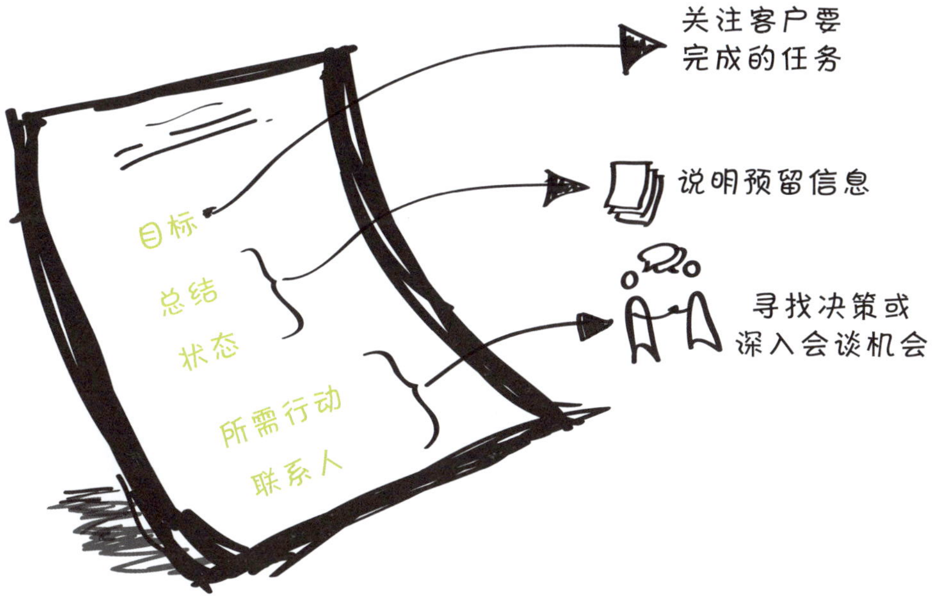

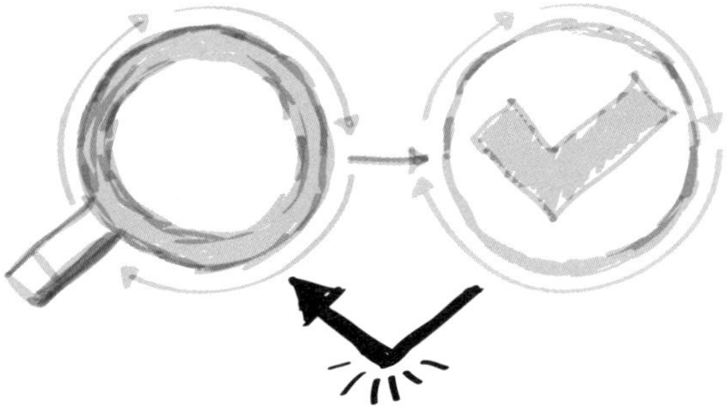

改善个人商业模式的关键点

微调即对潜在客户的反馈采取的相应行动，指的是重新审视个人商业模式，通过修改模块内容的方式对其进行改善。当你发现个人商业模式无法满足客户需要时，微调是最好的解决办法。

微调的内容可以有很多种，比如像赛德那样寻找新客户（210 页案例），像肯那样调整渠道通路（53 页案例），或是像丹尼斯那样重新思考个人商业模式中的多个模块（225 页案例）。

经过微调之后你必须重新进行客户探索过程，利用更新后的商业模式重新寻找客户推荐人。当你感觉准备好销售新模式时，进入客户验证环节再试一次。在此过程中一定要充满信心，坚信自己一定能成功赢得客户。

案例研究：

匹配个人商业模式和市场需要

个人信息：

电脑工程师

由于深受工作压力困扰，戴尔电脑工程师丹尼斯·谢选择了急流勇退，通过独立经营的方式掌握自己的命运。

丹尼斯喜欢技术工作，他建立的个人商业模式是收购并经营一家零售电脑商铺。

在测试这个模式是否可行时，丹尼斯找到了一位商业经纪人，对方建议他：①重新审核电脑店的销售收入；②做一份个性倾向评估分析。

丹尼斯同意了，结果发现：①电脑店利润微薄，人员流动率高，赢利能力差；②自己缺乏客服能力，更善于在后台从事技术工作而不是和客户当面解决问题。

于是，丹尼斯对个人商业模式进行了微调和修改，把消费者替换成了强调技术应用的商对商型客户。

这个变化很快就为丹尼斯带来了旧模式中被忽视的机会，一家从事商业分级业务销售、服务、定级和认知的企业。这家公司满足了丹尼斯希望应用技术能力，避免接触客户的要求，为他提供了压力较小的、良好的独立工作环境。

后来，丹尼斯收购了这家公司，成为了一个轻松的职业型企业主，经常穿着T恤短裤在公司上班。

姓名 丹尼斯·谢

自信面对未来

当客户愿意聘用你，或是当你找到中意的客户时，你的个人商业模式便得到了验证。接下来你要进入的是执行阶段，让你的全新商业模式顺利起飞。

这是一段漫长的过程。对于书中提供的练习，无论你是浅尝辄止还是认真完成，我们希望你能继续调整自己的商业模式。至少，我们希望你能采用模块化分析而不是规划工作生活的方式来确定那些可发挥长期引导作用的核心操作原则。

或许你已经注意到，个人商业模式从某种程度上来说是一张“关系图”。它表明了“核心资源”和“关键业务”之间的关系，阐述了“关键业务”和“价值服务”之间的关系。最重要的是，它明确了你和“客户群体”之间的关系，以及你通过个人目标说明的自我和更大服务目标之间的关系。

正如一张好的地图可以指导探索者多年的前进一样，个人商业模式思维法也能重复为你带来工作 / 生活上的成功。

第 10 章
结束语

《商业模式新生代（个人篇）》思维法的更多应用方式

职业变化有时候是在不知不觉中出现的。当组织机构修订其商业模式时，员工通常也必须调整个人商业模式。

案例研究：本书论坛成员马基斯·马里奥瑞（Makis Malioris）

多年来，马基斯一直在某大型国际金融服务公司担任程序分析师经理，他服务的客户只有一个，即位于雅典办公室的上司。但是，随着职业前景的变化新的机会出现了，现在马基斯要向希腊之外的八个工作点负责，这意味着他要经常在各国之间飞来飞去。这让马基斯不由得心生忧虑，因为他很害怕乘坐飞机。

新的工作要求马基斯必须重建个人商业模式。虽然没有多少跨文化工作经验，但他还是马上被安排了8个新的国际客户。这些客户都来自于不同的国家，具有不同的工作背景、工作风格和工作观念。

马基斯善于规划协调同事之间的工作，现在他必须说服新客户使用和维护一套名为信息技术基础设施图书馆（ITIL）的工作流程。实现这个目标需要新的关键业务，其中包括销售能力、频繁出差、经常住酒店，以及利用电子邮件和电话方式取代传统的面对面和客户沟通。

这个新工作虽然在收入方面的增长不多，但却能为马基斯提供巨大的职业发展利益。用马基斯的话说，其中最大的好处是能够增加自己的国际知名度，有机会摆脱经理角色，成为一个流程控制师。新的工作角色让他感到如鱼得水，很快便开始承担起更重要的任务。

不幸的是这时希腊发生了金融危机，马基斯所在的公司深受影响，被迫解除了他的工作合同。但是，马基斯从个人商业模式中总结的经验仍在成功地发挥着作用。

“个人商业模式理念帮助我认清完成新工作需要具备哪些能力，帮助我填补了画布各模块之间的差距。虽然这个过程很辛苦，但我得到了很多。而且，我现在也不怕坐飞机了。”

正如马基斯所说的那样（以及本书第1章所示），组织机构和个人的商业模式创新永远都不会停下脚步。这些模式会在几年或是更长时间内发挥作用，然后便根据形势需要发生变化。我们的个人商业模式总是处于不断演变之中，即使不是随着时间的更迭变化，至少也会随着个人经验的积累自发地做出响应。下次当你准备重新描绘自己的工作时，我们希望这本书中的理念仍会给你带来启发。

《商业模式新生代（个人篇）》思维法的其他应用方式：

商科教材，个人财务指导工具

全球范围内的教师都可以使用商业模式画布法教授战略学、企业学和组织设计学，特别适用于研究生阶段的商科课程。我们认为画布法也是本科阶段教授商务课程的理想工具，它能以清晰易懂的方式说明企业经营的基本内容。同样，我们认为个人商业模式画布也非常适用于向高中学生讲授职业发展和个人财务指导课程。

职业培训工具

在本书的论坛成员中，很多人都发现个人商业模式是一项非常出色的培训工具。书中介绍的一些案例就是最好的证明，他们全都亲身体验过其神奇之处。

个人咨询工具

我们在82页讲过，个人商业模式画布也可以用来描述工作之外的生活角色，如配偶、朋友和父母等。实际上，有不少论坛成员都是用这种方法取得了生活上的成功。通过检查客户绘制的个人画布，专业咨询顾问可以为他们设计各种更有针对性的练习。

组织机构内部的年度审核或人事开发工具

对于每年都要实施员工审核的人事主任来说，个人商业模式可以提供结构化的方式以了解员工是怎样为组织机构创造价值的。明智的企业还可以扩展个人画布法的应用，帮助员工在工作时间之外创造更大的价值。

个人商业模式的软件支持

使用白纸、海报、水笔、即时贴做画布分析固然有趣，但有时候我们还是少不了计算机软件的便利帮助。为此我们推出了 iPad 版和网络版商业模式工具箱，你可以利用它对个人商业模式进行勾画、预估、评注、分享、合作、复述和微调等各种操作。有了这款工具，你既可以享受到素描的快捷，又可以体验到电子表格的强大功能。

这个工具箱还可以让用户修改模块标签和内容以适应个人商业模式的描述。此外，这一专门开发的个人商业模式应用程序可提供本书所用工具的电子版，可帮助用户评估个人兴趣、技能和个性倾向（即核心资源）。

欲获取免费账号建立网上个人商业模式，请访问 www.businessmodeltoolbox.com。

最后我们想向各位读者表示歉意，因为这本书的副标题似乎有些误导之嫌。即使大家只做了本书要求的一小部分练习，恐怕用过的纸张也多达几十页，大大超过了我们所说的“单页式”解决方案。可是，对于这套解决方案的巨大效果，我想您一定不会有异议吧。

写在后面的话：欢迎访问 BusinessModelYou.com 继续和我们沟通，这里也正是本书获得灵感的源泉。此外，您还可以访问 BusinessModelHub.com 并加入我们，加入全球领先的讨论组织机构商业模式思维法的大家庭。

补充阅读

了解《商业模式新生代
（个人篇）》相关资源

《商业模式新生代（个人篇）》社区

本书由来自全球的 328 位职业工作者共同开发而成，他们分别来自于阿根廷、澳大利亚、奥地利、比利时、巴西、加拿大、智利、中国、哥伦比亚、哥斯达黎加、丹麦、爱沙尼亚、芬兰、法国、德国、希腊、匈牙利、爱尔兰、意大利、日本、约旦、韩国、墨西哥、新西兰、尼日利亚、挪威、巴拿马、巴拉圭、波兰、葡萄牙、罗马尼亚、新加坡、南非、西班牙、瑞典、瑞士、捷克共和国、荷兰、土耳其、英国、美国、乌拉圭和委内瑞拉。他们的观点、支持和全球视角极大地推动了个人商业模式运动的高涨。

所有共同开发者的姓名罗列于本书第Ⅷ页和第Ⅸ页（其中部分人员的照片附于内页，排列不分顺序）。在此，我们仅向下列为本书做出特别贡献的人表示衷心感谢，他们是：

Jelle Bartels, Uta Boesch, Steve Brooks, Ernst Buise, Hank Byington, Dave Crowther, Michael Estabrook, Bob Fariss, Sean Harry, Bruce Hazen, Tania Hess, Mike Lachapelle, Vicki Lind, Fran Moga, Mark Nieuwenhuizen, Gary Percy, Marieke Post, Darcy Robles, Denise Taylor, Laurence Kuek Swee Seng, Emmanuel Simon, James Wylie.

欢迎访问 BusinessModelYou.com，这里有论坛、打印版画布；最重要的是，这里有一群热衷于通过商业模式思维法改善工作和个人生活的志同道合者。注册会员免费。

此外，我们也欢迎您加入 BusinessModelHub.com，这里有 5 000 多位成员，是全球领先的致力于组织机构商业模式思维法讨论的网络社区。注册会员免费。

主创人员简介

蒂姆·克拉克，作者

蒂姆·克拉克是 BusinessModelYou.com 网站个人商业模式运动发起人。作为一位教师/培训师以及经验丰富的企业家（曾有过价值数百万美元的商业收购活动成功和失败经验），克拉克写作编辑过 5 本关于企业经营、商业模式和个人开发的作品，其中包括国际畅销书《商业模式新生代》。他拥有商科硕士和博士学位，目前在东京筑波大学做访问教授。

欲了解更多信息，请访问 TimClark.net。

亚历山大·奥斯特瓦德，合著作者

亚历山大·奥斯特瓦德是一位企业家、演讲师，也是全球畅销书《商业模式新生代》的第一作者（此书合著作者为伊夫·皮尼厄教授，另外有来自 45 个国家的 470 位共同开发者）。亚历山大经常为《财富》500 强客户演讲，在沃顿商学院、斯坦福、伯克利、西班牙那瓦拉商学院、瑞士 IMD 商学院等著名高校担任过客座教授。他拥有洛桑高等商学院博士学位，是 Strategyzr 软件公司以及致力于消除艾滋病和疟疾的非营利组织 The Constellation 的联合创始人。

欲了解更多信息，请访问 BusinessModel-Generation.com。

伊夫·皮尼厄，合著作者

伊夫·皮尼厄博士自 1984 年以来一直在洛桑大学担任管理信息系统教授，他曾在乔治亚州立大学、香港理工大学和英属哥伦比亚大学担任过访问教授。伊夫是学术期刊《信息管理系统》（*Systèmes d'Information and Management*）主编，和亚历山大·奥斯特瓦德合著有国际畅销作品《商业模式新生代》。他拥有比利时纳穆尔大学博士学位。

艾伦·史密斯，创意总监

艾伦是一位经过严格设计训练的企业家，其业务范围横跨电影、电视、印刷、活动开发、移动应用和网络平台等多种媒体。从约克谢尔顿联合设计专业毕业之后，艾伦参与创建了 The Movement 并将其发展成为国际知名的“改变人生机构”，在多伦多、伦敦和日内瓦分别成立办事处。后来他又共同成立 Strategyzr 软件公司，致力于开发突破性的实用工具以帮助个人和组织机构推动商业战略发展，实现快速发展。

欲了解更多信息，请访问 BusinessModelGeneration.com。

特里施·帕帕达克斯，版面设计

特里施自幼热爱绘图，一直从事视觉艺术创作工作。通过在三家加拿大顶级艺术设计学院的学习，特里施后来在英国伦敦取得了设计硕士学位。毕业后她成立了 The Institute of You 事务所，为艺术创意工作者提供职业开发咨询服务。作为一个积极的美食爱好者、摄影师、旅行者和创业者，特里施多年来一直和各种艺人、厨师以及思想领袖保持合作。

欲了解更多信息，请访问 flavors.me/trishpapadakos。

梅甘·莱西，编辑

语言大师兼跑步爱好者梅甘是在重建职业道路过程中加入本书创作团队的。梅甘曾在某出版公司做过几年编辑，后来在大学担任写作课程教师的短暂经历使她决定投身教育行业。现在梅甘即将完成华盛顿州立大学教育硕士学位的学习，正在接受第三次超级马拉松长跑训练，准备不久后从事高中英语教学（和跑步推广）工作。

帕特里克·范德希尔，监制

帕特里克是阿姆斯特丹国际商业模式咨询机构 Business Models Inc. 的创始人兼首席执行官。他善于利用视觉化、故事描述和其他商业建模技巧帮助企业家、高管人员及其团队设计更优秀的商业方案。此外，他还是国际畅销作品《商业模式新生代》的监制。

欲了解更多信息，请访问 BusinessModelsInc.com。

注释

1—**Page VI** 在《商业模式新生代（个人篇）》中出现的每个人都是本书的合作者。出于私人原因，对其中的一些人名进行了调整。

2—**Page 6** Manpower Group Survey, November 2010

3—**Page 7** Alexander Osterwalder and Yves Pigneur, *Business Model Generation*（Hoboken, NJ: John Wiley & Sons, 2010）, 14.

Page 53 Photo by David White

4—**Page 37** "Revenue at Craigslist Is Said to Top $100 Million," *The New York Times*, 6/9/2009.

5—**Page 71** Richard N. Bolles, *What Color Is Your Parachute*? Ten Speed Press, 2011

6—**Page 74** Marcus Buckingham, *Go Put Your Strengths to Work*, Free Press, 2007

7—**Page 76** Tom Rath, *Strengthsfinder* 2.0, Gallup Press, 2007

8—**Page 77** George Kinder, *Lighting the Torch: The Kinder Method™ of Life Planning*, FPA Press, 2006

9—**Page 79** Reproduced with permission from Richard N. Bolles, *What Color Is Your Parachute*? Ten Speed Press, 2011, p. 181

10—**Page 85** Kathy Kolbe posits a fourth factor: will（"conation"）. Her Kolby Index is used by many organizations.

11—**Page 95** This exercise was adapted from John L. Holland's *Making Vocational Choices: A Theory of Careers*, Prentice-Hall, 1973, with help from chartered psychologist Denise Taylor and Dr. Sean Harry, both Forum members.

12—**Page 95** John L. Holland, *Manual for the Vocational Preference Inventory*

13—**Page 95** Strictly speaking, Holland's theory allows for 720（6×5×4×3×2×1） unique personality "types."

14—**Page 107** 其他获得类似反馈的方法包括向职业顾问咨询，以及访问像Checkster.com这样的网站。Special thanks to Forum member Denise Taylor for her help with these exercises.

15—**Page 112** Alain de Botton, *The Pleasures and Sorrows of Work*, Pantheon, 2009

16—**Page 112** Ibid

17—**Page 114** Leil Lowndes, *How to Talk to Anyone*, McGraw-Hill, 2003

18—**Page 126** Adapted with permission from David Sibbet, *Visual Meetings*, Wiley, 2010

19—**Page 139** Carmine Gallo, *The Innovation Secrets of Steve Jobs: Insanely Different Principles for Breakthrough Success*, McGraw-Hill, 2010

20—**Page 139** English translation by Allen Miner

21—**Page 149** Srikumar Rao presentation at Google, April 11,2008, reproduced with permission

Page 148 Photo of Srikumar Rao by Paresh Gandhi

22—**Page 152** Srikumar Rao, *Are You Ready to Succeed*? Hyperion, 2006

23—**Page 154** Rosamund Stone Zander and Benjamin Zander, *The Art of Possibility*, Harvard Business School Press, 2000

24—**Page 156** Ibid

25—**Page 159** Alexander Osterwalder and Yves Pigneur, *Business Model Generation*, Wiley, 2010

26—**Page 162** Ellen McGirt, "Al Gore's $100 Million Makeover," *Fast Company*, July I 2007

Page 162 Photo of Al Gore from World Resources Institute Staff

Page 182 Photo of J.D. Roth by Amy Jo Woodruff

27—**Page 197** Emily is a real person with a different name.

28—**Page 211** See *The Four Steps to the Epiphany* by Steven Blank for a comprehensive treatment of his Customer Development Model.

29—**Page 223** Preparing an effective single-page proposal requires significant effort and is beyond the scope of this book—see Patrick Riley's *The One-Page Proposal* for detailed guidance.